트리머를 위한

애견미용실
개업·경영 매뉴얼

서스티나 컨설팅 감수
해피*트리머 편집부 편

모리스

contents

선배들의 생생한 개업 스토리! 개업 미용실 방문 ········ 6
오픈까지 해야 할 일 체크! ········ 26

1 개업 준비 편 ········ 27

개업을 결심했다면! ········ 28
상권과 마켓을 파악하자 ········ 30
애견미용실에 적합한 입지조건은? ········ 32
오픈 후보지의 리스트 업 ········ 34
시장조사의 요령과 포인트 ········ 36
매장의 컨셉트 결정 ········ 38
창업계획서의 작성방법 ········ 40
수지계획이란 ········ 42
임대물건 선정의 포인트 ········ 48
임대계약 ········ 50
자택에서 개업하는 경우 ········ 52

2 시동 걸기 편 ········ 55

매장의 공간 구성과 레이아웃 ········ 56
트리밍 룸은 어떻게 꾸밀 것인가? ········ 59
내·외장 공사의 포인트 ········ 62

3 오픈 준비 편 ········ 65

매장 운영에 필요한 용품을 갖추자 ········ 66
고객관리카드는 기능적으로 ········ 68
직원 고용 – 채용 전 포인트 ········ 70

직원 고용 – 채용 후 포인트 ……… 75
매출 성장을 위한 마케팅 ……… 78
고객을 불러들이는 광고와 전단지 ……… 80
홈페이지의 정비와 강화 ……… 82
메뉴와 요금, 옵션메뉴 ……… 86
상품매입과 진열의 노하우 ……… 90
픽업서비스를 제공할 계획이라면 ……… 92
동물병원 병설 애견미용실의 경우 ……… 94

4 오픈 편 ……… 97

오프닝 집객의 중요성 ……… 98
몸가짐과 접객 매너 ……… 101
매출액과 경비 이해하기 ……… 104
손익분기점 이해하기 ……… 106

5 매출 성장 편 ……… 109

경영패턴 파악하기 ……… 110
재방문 비율을 높이는 방법 ……… 114
미리 해두면 좋은 판촉물 강화 ……… 118
DM을 활용하자 ……… 120
매장 내 이벤트와 캠페인 ……… 122
애견호텔을 병설할 계획이라면 ……… 125
매장 역량을 강화하는 직원교육 ……… 128
카운슬링의 중요성 ……… 132

선배들의 생생한 개업 스토리!

개업 미용실 방문

독립과 개업의 꿈을 가졌던 트리머가 '나의 샵'을 열기까지 걸어온 여정을 공개합니다! 나만의 개성 넘치는 애견미용실을 만들기 위한 힌트를 찾아보세요.

File 01

'Dog Salon Silver Fang'

소재지*도쿄도 히노시 히노 1109-6
교통편*다마도시모노레일 '고슈카이도'역에서 도보 2분
규모*4평
영업시간*10:00~19:00
정기휴일*수요일, 둘째 주 화요일
직원*오너와 치프 트리머, 트리머 총 3명
TEL*042-583-6580
URL*www.silverfang-dog.com

한정된 공간이지만 여유롭게 느껴지는 트리밍 룸. 2~3명이 원활하게 작업할 수 있다.

'우선은 저축!' 개업자금 마련에 전력투구

트리밍 스쿨 재학 당시부터 도그쇼에서 경험을 쌓았다는 모리시타 유키 씨가 경영하는 'Dog Salon Silver Fang'. 모리시타 씨는 원래 독립에 대한 남다른 열망을 갖고 있어 일찍부터 개업 준비를 추진해왔다고 한다.

"특히 저는 남자이다 보니 이 일로 생계를 꾸려나가야 한다고 생각했죠. 역시 개업밖에 없다고 생각했습니다."

트리밍 스쿨을 졸업한 후에는 슈나우저 전문 견사에서 기거(寄居)하면서 공부를 계속했지만 독립을 위한 자금은 좀처럼 모이지 않았다. 고민하던 모리시타 씨는 좀 더 적극적으로 나서기 시작했다. 자영업으로 운송업을 시작한 것이다.

"주말과 공휴일은 일을 쉬었기 때문에 도그쇼에는 계속 참가했습니다. 3년 만에 최소한의 자금이 모여 개업에 나설 수 있게 되었습니다."

개업까지 착실히 준비

개업할 때 가장 중요한 포인트는 장소 선정이었다. 지금의 장소를 선택한 것은 간선도로가 근처에 있고 교통편도 나쁘지 않은게 그 이유였다. 하지만 가장 결정적으로 끌린 이유는 인근에 애완동물을 기를 수 있는 700세대 규모의 아파트가 있었기 때문이다.

"이 아파트 존재가 컸습니다. 입주자 전원이 개를 기르는 것은 아니지만 앞으로 기를 사람도 있을 거니

profile

모리시타 유키

1981년 도쿄도 출생. 고교 졸업 후 세피아펫케어스쿨에서 트리밍을 배우고 JKC트리머 자격증(1급) 취득. 재학 때부터 슈나우저 전문 견사에서 공부하며 해외 도그쇼 등에 참가. 현재 그루머 및 핸들러로 쇼에 계속 도전 중. 2007년 도쿄도 히노시에 'Dog Salon Silver Fang'을 오픈. 2011년 JKC 단견종 심사위원 자격 취득.

경영정보

▼ 자금마련 (개업 시 자금)
자기자본(400만 엔)+대출금(300만 엔)=
총 700만 엔

"자영업으로 운송업을 3년간 해 온 것이 대출 심사 시에 좋은 평가를 받은 것 같습니다. 좀 더 대출을 받을 수 있었지만 상환을 고려해서 300만 엔만 받았습니다."

▼ 설비투자, 집기비용
설비투자 : 약 400만 엔
(건물의 자재비·건축비 포함)

"건물 자체는 조립식 자재를 썼습니다. 시간은 걸렸지만 업자에게 맡기는 것보다 훨씬 저렴하게 할 수 있었습니다."

설비·집기비용 : 약 100만 엔

"선반이나 인테리어를 위한 커튼 등도 모두 포함된 금액입니다. 외장과 마찬가지로 내장도 직접 만든 것이 많습니다."

▼ 매입비용 (개업 당시 비용)
상품 매입 : 약 10만 엔

"샴푸 등의 소모품은 몇몇 도매업체로부터 견적을 받아 상품별로 저렴한 곳에서 매입하고 있습니다."

매장 평면도

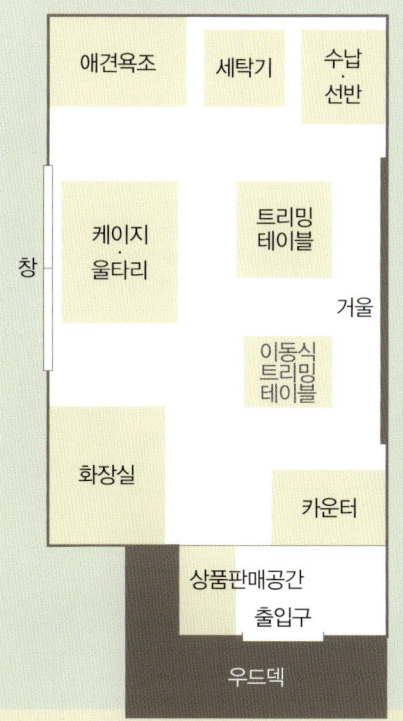

까요. 이 단지의 고객만 현재 100명에 달합니다."

오픈할 장소가 결정되자 실제 개업준비에 나섰다. 준비된 자금이 적어서 모든 부분에서 지혜를 짜냈다.

"이 건물은 자체가 조립식입니다. 건축 자재를 사와서 직접 조립을 했기 때문에 비용을 상당부분 절감할 수 있었습니다. 조립이 쉽지는 않았지만, 건축 관련 일을 하는 친구가 도와줘서 무사히 완공할 수 있었습니다."

그 외에도 친구의 지인을 통해 기초공사 비용을 할인 받고, 외벽의 도장과 현관의 우드 덱(나무 갑판) 만드는 것을 돕는 등 비용절감을 위해 무척이나 애를 썼다.

"작업하기 좋도록 벽은 화이트를 메인 색상으로 밝게 칠했습니다. 또 한쪽 벽면에 거울을 달아 매장이 넓어 보이도록 하니 트리밍 할 때도 도움이 되어 작업효율이 크게 향상되었죠." 거기에 모리시타 씨의 가장 든든한 조력자는 인생의 반려자이기도 한 치프 트리머 이토 지에코 씨이다. 트리밍 스쿨의 강사와 대형 애견미용실의 치프를 맡기도 한 이토 씨의 경험은 매장 운영에 큰 도움이 됐다고 한다.

"저의 부족한 부분을 많이 채워줍니다. '언젠가는 함께 독립하자'는 생각을 했었기 때문에 우리의 미래를 위해서 많은 경험을 쌓았습니다. 특히 큰 매장의 치프를 맡았던 것은 그녀 자신에게도 우리 매장에도 매우 큰 자산이 되었습니다."

"Silver Fang에 반려견을 맡겼더니 너무 예뻐졌다!"며 다른 미용실에서 옮겨오는 고객도 많다고 한다. 이렇게 확실한 기술력과 실무경험이 이 곳의 경쟁력일 것이다.

↓ 매장 입구 모습. 입구 바로 옆에 카운터를 설치해 공간을 절약했다.

↑ 매장에 들어서면 바로 보이는 벽에 트리밍을 마친 개의 사진 전시. 이 사진을 보고 커트를 주문하는 고객도 많다.

→ 상품판매 공간에는 모리시타 씨가 엄선한 아이템들이 진열되어 있다.

File 02
'Diddy Anne'

소재지＊가나가와현 미우라군
하야마마치 호리우치 1444-4
교통편＊JR '즈시'역에서 버스로 환승
'무카이바라' 정류장 하차, 도보 3분
규모＊5평
영업시간＊10:00~18:00
정기휴일＊수 · 일요일
직원＊오너와 트리머 3명, 총 4명
TEL＊046-854-5507
URL＊ameblo.jp/diddy-anne

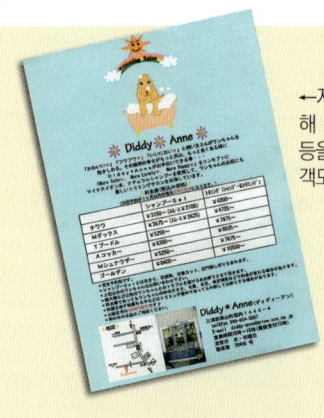

←지인의 가게에 비치해 둔 전단지. 블로그 등을 보고 찾아오는 고객도 많다고 한다.

→3명이 동시에 작업하기 쉽도록 여유로운 공간으로 구성했다.

나고 자란 고향에서 개업하려는 꿈과 이상적인 물건과의 만남

해안가 인근의 여유로운 분위기가 넘치는 가나가와현 하야마마치에 자리잡은 'Diddy Anne'. 마치 아기자기한 소품가게에 온 것 같은 느낌의 이곳은 5년 전에 오너인 아다치 안리 씨가 개업한 애견미용실이다. 하야마마치는 아다치 씨가 나고 자란 곳이다. 1층이 매장, 2층이 아타치 씨의 살림집으로 자택에 개업한 스타일이다.

"이 마을에서 개업하기로 결심하고 가게 자리를 찾다가 이전에 잡화점이던 이 곳을 발견했어요. 생각했던 분위기와도 비슷했고 도로변이라 차도 세울 수 있어 결정했습니다. 아예 살던 집을 여기로 옮겨왔죠."

애견샵에서 견습생 경험 후 트리밍 스쿨에 입학한 아다치 씨는 재학시절부터 개업을 결심했다고 한다.

"애견미용실은 동물들이 통원하는 형태라 업무시간을 자유롭게 정할 수 있다는 점과 경제적인 면을 고려해서 개업을 결심했습니다."

이런 결심 끝에 트리밍 스쿨 시절의 동급생이자 현재 직원이기도 한 오키나가 씨와 함께 개업 준비를 진행했다고 한다.

지역의 특징에 맞는 영업 스타일

원래 잡화점이던 이 곳은 내·외장 모두 깔끔한 상태였고 원하던 분위기와도 매우 비슷해 거의 손을 대지 않았다고 한다. 개업을 앞두고 가장 애를 먹은 부

profile

아다치 안리

가나가와현 하야마마치 출신. 애견샵 견습생 경험 후 트리밍 스쿨 입학. 졸업 직후 고향인 하야마마치에서 'Diddy Anne'를 오픈. 다섯 마리의 애견(잉글리시 코커 스패니얼 두 마리, 잉글리시 스프링거 스패니얼 세 마리)과 함께 매장 2층에 있는 자택에서 생활하고 있다.

분은 요금설정이었다. 근처 애견미용실의 데이터를 수집해 평균치를 내고, 견종 별 소요 시간을 계산하는 등 여러모로 검토했다. 이웃주민에게 홍보는 거의 하지 않았다고 한다.

"이 동네 분들은 입소문을 통해 움직이는 경우가 많습니다. 너무 요란하게 선전을 하면 지역 주민들이 오히려 거부감을 갖는 경우도 있어 대놓고 전단지를 돌리지는 않았습니다."

하야마라는 마을은 시간이 느긋하게 흐르는 독특한 분위기를 가지고 있다. 과도한 홍보 없이 여유로운 이곳의 흐름에 맞추어 영업하는 것이 더 효과적일 것이라고 판단한 것이다.

이렇게 매장을 찾은 고객들의 입소문을 통해 서서히 단골 고객이 늘어나고, 재방문 비율도 높아 1회 방문으로 끝나는 고객은 거의 없다고 한다. 1년도 채 되지 않아 고객 수가 130명에 달했고, 고정고객이 늘어난 현재는 직원 3명을 보다 효율적으로 가동할 수 있는 예약 스케줄을 짜는 것이 과제이다.

따스한 온기가 느껴지는 직접 그린 일러스트

매장 안팎에 걸린 아기자기한 일러스트가 눈길을 끈다. 이는 모두 오너인 아다치 씨가 손수 그린 것으로 부드러운 색감이나 터치가 매장의 분위기와 잘 어우러진다.

"페인트와 색연필로 그렸습니다. 주로 고객과 애견과의 유대관계를 표현한 일러스트에요."

또한 고객에 대한 메시지를 적은 보드와 손수 만든 애견용품 등 따스함이 넘치는 매장의 분위기도 특징이다. 근처 초등학교의 학생들도 자주 놀러 온다고 한다.

"오픈 한 지 약 6년이 지났지만 익숙지 않은 것이 많아 확정신고(개인 종합소득신고)를 하는 시기에는 지금도 허둥댄답니다. 그래도 지역 분들이 많이 찾아주어서 꾸준히 영업할 수 있다는 것에 감사하고 보람도 느끼고 있어요. 결혼 후에도 일을 계속할 수 있는 환경을 마련해 나가고 싶습니다."

경영정보

▼ **자금마련**(개업 시 자금)
자기자본 200만 엔
"10년 간 아르바이트로 모은 돈입니다. 대출을 받지 않고 가지고 있던 돈으로 해결했습니다."

▼ **설비투자 · 집기비용**
설비투자 : 약 100만 엔
(건물의 자재비 · 건축비 포함)
"이전에 잡화점이었던 곳으로 내 · 외장에 거의 손을 대지 않았습니다."

설비 · 집기 · 상품 매입비용 약 100만 엔
"애견욕조와 트리밍 테이블, 가위 등 자잘한 것은 오픈한 후에 조금씩 마련해 나갔습니다."

↑ 작은 정원을 형상화 한 매장 외부장식. 손수 만들어서 그런지 따스함이 느껴진다.

매장 평면도

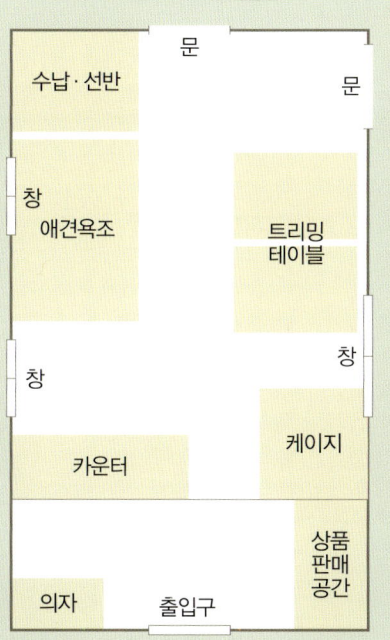

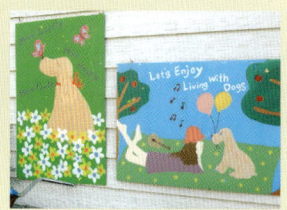

← ↓ 아다치 씨가 손수 그린 일러스트. 그리다 보면 아무래도 자신의 애견인 잉글리시 코커 스패니얼과 잉글리시 스프링거 스패니얼과 비슷해진다고 한다.

File 03
'도그살롱 머핀'

소재지*사이타마현 사이타마시 우라와구 기시마치 2-1-24
교통편*JR '우라와'역에서 도보 10분
규모*5평
영업시간*영업시간 10:00~19:00
정기휴일*목요일
직원*오너와 트리머 1명, 총 2명
TEL*048-822-1113

이전 오너로부터 인수 후 새 단장

근처에 초등학교가 있어 아이들 웃음소리가 울려 퍼지는 주택가에 자리잡은 '도그 살롱 머핀'. 방과 후가 되면 학생들이 창 밖에서 매장 안을 들여다본다.

"하교시간에는 늘 이렇답니다"라고 웃는 오너 아이노 마사에 씨. 이 애견미용실은 아이노 씨가 6년 전에 인수해서 상호를 바꾸어 오픈했다.

그 전부터 자택에서 프리랜서 트리머로 약 10년간 경험을 쌓은 아이노 씨는 당시에도 상당수의 고객을 확보하고 있었지만 '좀 더 고객을 늘리고 싶은데 집에서는 한계가 있다'고 느꼈다고 한다.

마침 그때 잘 아는 도매업체를 통해 "어느 애견미용실 오너가 가게를 인수할 사람을 찾고 있다"는 소식을 들었다고 한다.

"예전부터 내 가게를 갖고 싶다는 생각은 하고 있었습니다. 하지만 개업을 할 만큼의 자금이 모이지 않았었는데, 때 마침 좋은 시기에 제안을 받았으니 제가 정말 운이 좋았던 거죠."

해당 물건은 지은 지 40년이 지난 낡은 건물이어서 임대료가 저렴해 집과 가게의 월세를 내도 계속 유지할 수 있다고 판단했다. 그리고 집에서 차로 10분 거리라는 조건도 프리랜서 시절의 고객들이 계속 이용할 수 있어 결심을 하는데 한 몫 했다고 한다.

설비도 그대로 이용해 비용 절감

이전에도 애견미용실로 영업을 했기 때문에 인수한 시점에 이미 필요한 설비가 갖춰진 상태였다. 내외장 모두 거의 손을 대지 않아 비용도 들지 않았다.

→흰색 벽으로 둘러싸인 환한 분위기의 트리밍 룸. 큰 창이 있어 밖에서도 실내가 잘 보인다.

"프리랜서로 활동하던 시절의 고객들 대부분이 지금도 저희 가게를 이용하고 있고, 예전에 이곳을 이용하던 고객까지 합치면 숫자가 꽤 많이 늘었어요. 요금은 프리랜서 시절과 비슷한 수준으로 소폭 인상했습니다. 이전부터 이곳을 이용하던 고객들에게는 요금이 인상된 만큼 높은 완성도로 만족하실 수 있도록 노력했습니다."

오너가 되고 보니 프리랜서 시절에 하던 것과는 많

profile

아이노 마사에
사이타마현 출신. 비비드그루밍스쿨에서 트리밍을 배우고 애견미용실 근무. 그 후 프리랜서 트리머로 약 10년간 활동. 트리밍스쿨 프로 코스에서 JKC트리머 자격증(1급) 취득. 2008년 애견미용실을 인수해 '도그 살롱 머핀'으로 상호 변경. 현재 도그쇼와 트리밍 경기에도 적극적으로 참가 중이다.

경영정보

▼자금마련 (개업 당시 자금)
부동산으로부터 빌린 차입금 200만 엔
"이 물건을 소개해 준 부동산 업자가 이전 오너에게 빌려 준 차입금을 끼고 인수했습니다."

▼설비투자, 집기비용
설비투자 : 약 150만 엔
(건물 자재비·건축비 포함)
"인수 후 거의 손을 대지 않고 그대로 이용했기 때문에 비용은 별로 들지 않았습니다."
집기·상품 매입비용 : 약 50만 엔
"전 오너가 개업했을 때 구입한 것은 싱크대 정도로 드라이어 등은 이전부터 갖고 있던 것을 사용했다고 합니다. 제가 인수한 후에 바꾼 것은 에어컨을 업소용으로 바꾼 정도입니다. 거의 바꾼 것이 없습니다."

↑창고와 벽걸이를 활용한 상품판매 공간. '내 아이에게 사주고 싶다'는 생각이 드는 상품만을 엄선했다고 한다.

매장 평면도

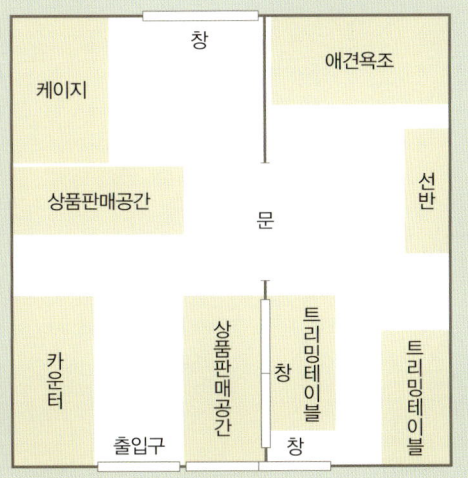

이 달랐다고 한다.

"프리랜서 시절에는 대부분의 고객이 픽업 서비스를 이용했기 때문에 제가 아침에 개를 데리러 가서 저녁에 데려다 주는 식이었습니다. 집에서 혼자 일을 했기 때문에 편하게 시간 배분을 할 수 있었죠. 하지만 지금은 사업체로 운영을 하다 보니 직접 찾아오는 고객도 계시고, 픽업 시간을 지정하는 분도 있어서 처음에는 적응하는데 꽤나 애를 먹었습니다. 또 샴푸를 하고 있을 때 전화가 울리거나 손님이 오시는 등 동시에 여러 일을 처리해야 하다 보니 정말 눈코 뜰 새가 없었습니다. 그래도 그 덕분에 효율적으로 움직여야 한다는 의식이 싹트게 된 것 같습니다."

애견미용실 업무와 도그쇼라는
두 마리 토끼를 잡기 위해

아이노 씨는 애견미용실 일을 하며 트리밍스쿨의 프로 코스를 수강, 한 달에 한 번 도그쇼에 출전하고 트리밍 대회에도 정기적으로 참가한다. 애견인 '소(So)'를 파트너 삼아 콘테스트에 출전해왔다.

그녀는 고객이 늘어나면서 상근 직원을 채용하고, 보다 나은 미용실을 만들기 위해 매일 고군분투 중이다.

"기존의 고객들을 소중히 여기면서 신규 고객도 찾아오는 가게를 만들고 싶어요. 앞으로도 매장의 발전을 위해 직원들과 힘을 모아 고객에게 만족을 드리는 서비스와 기술을 제공할 수 있도록 노력을 게을리 하지 않을 거에요."

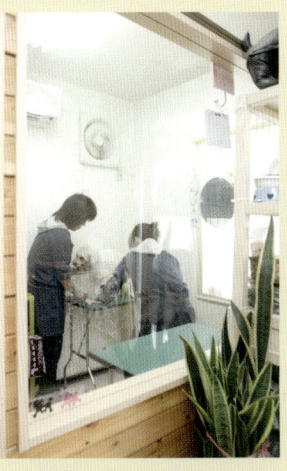
↑상품판매 공간과 트리밍 룸 사이 칸막이에 큰 창이 있어 탁 트인 느낌을 준다.

↑아이노 씨의 애견들. 미용실의 상호이기도 한 미니어처 푸들 '머핀'과 시츄 '시즈오', 토이 푸들 '소'. 간판견으로서 매일 매장에 함께 출근하고 있다.

File 04

'도그살롱 타로이모'

소재지*가나가와현 요코하마시 아사히구 사사노다이 1-7-9
교통편*사가미철도 '미쓰쿄'역에서 도보 5분
규모*9평
영업시간*10:00~18:00
정기휴일*월요일
직원*오너와 트리머 2명, 총 3명
TEL*045-392-1915
URL*www.taroimo.jp

↑ 리뉴얼 오픈 시에 제작한 쿠폰형 DM.

←전봇대 광고는 역에서 매장으로 가는 길목 두 군데에 설치했다.

→매장 출입구를 통해 밖에서도 안이 보이도록 설계한 트리밍 공간.

단독주택을 구입, 개조해서 오픈

가정적인 분위기의 상가를 지나 주택가의 한 모퉁이에 자리잡은 '도그 살롱 타로이모'. 3층짜리 단독주택을 개조하여 1층에 애견미용실을 만들었다.

오너인 야마모토 아키코 씨는 결혼을 하고 1년 후에 이 건물을 구입해서 이사한 후, 집의 일부를 개조해서 2001년에 오픈했다.

"개업을 할 거면 집에서 하는 것이 좋겠다고 늘 생각했습니다. 이 지역에는 제가 프리랜서로 일하던 시절의 고객이 많아서 장소를 이 부근으로 정하고 단독주택을 찾아 다녔습니다."

개조공사는 부동산 업체를 통해 소개받은 업자에게 의뢰하여 원래 주거용 공간이던 1층을 애견미용실로 개조했다.

"하지만 주차장 안쪽에 매장이 있는 구조로, 오가는 분들의 눈에 잘 띄지 않을 것 같았습니다. 처음부터 이 건물은 구조 상 부족한 점이 많아 오픈하고 5년이 되면 손을 볼 생각이었습니다."

오픈 5년째에 리뉴얼 공사

개업 당시 면적으로는 한계가 있다고 생각한 야마모토 씨는 우선 계획대로 오픈하고 5년 차에 리뉴얼 공사를 단행했다. 공사 후, 매장 면적이 2배로 넓어져 상품판매 공간도 만들고 애견욕조도 하나 더 늘리는 등 매장 인테리어는 크게 업그레이드 되었다.

"리뉴얼 하고 고객과 매출 모두 눈에 띄게 늘었습니다. 애견욕조가 2개로 늘어 회전율도 높아졌고 직

profile

야마모토 아키코 씨
도쿄도 출신. 대학 졸업 후 트리밍스쿨에서 공부하고 전문코스를 2년간 다니면서 JKC 트리머 자격증(1급)을 취득. 결혼 후 단독주택을 구입, 1층을 개조해 2001년에 '도그살롱 타로이모'를 오픈. 2005년에는 주차장 공간을 개조하여 매장을 넓혀 리뉴얼 오픈.

원들의 업무 능력도 능숙해져 작업효율이 올라 그야말로 선순환의 연속이었죠."

또한 개업 초기부터 도그쇼에 틈틈이 출전했던 야마모토 씨는 오픈 2년 차에 토이 푸들의 브리딩(번식) 사업을 시작해 견사도 겸하게 되었다.

홈페이지와 전봇대 광고를 활용

리뉴얼 오픈 당시에는 DM(Direct Mail, p120 참고)을 활용했지만, 개업 초기에는 홍보를 하지 않았다고 한다. 그럼에도 방문 고객이 순조롭게 늘어난 것은 프리랜서 시절의 단골손님들의 입소문과 홈페이지의 효과가 컸다고 한다. 또한 전봇대 광고도 개업 초기부터 해 온 홍보 방법이다.

"광고 제작을 하는데 2만 엔(한화로 20만 원 정도)이 드는 데, 매달 들어가는 비용이 2천 엔(한화로 2만 원 정도)이 조금 안 될 정도로 저렴합니다."

향후에도 사업 규모를 확장하려는 야마모토 씨는 "주요 사업을 브리딩으로 할지 트리밍으로 할지에 따라서 방향성이 달라지겠지만, 항상 앞으로 어떻게 할 것인가를 생각하면서 행동하는 것이 중요해요"라는 메시지를 전했다.

경영정보

[개업 시]

▼자금마련
자기자본(60만 엔)+대출금(400만 엔)= 총 460만 엔

"당시 저는 아르바이트를 하고 있었기 때문에 이 정도의 금액을 빌리는 데도 애를 먹었습니다. 남편과 아버지가 보증을 서 주어 대출을 받을 수 있었습니다."

▼설비투자, 집기비용
설비투자 : 약 400만 엔
(건물 자재비·건축비 포함)

"단독주택을 구입해 1층을 개조했습니다. 부동산에서 원래 정해져 있던 계획을 변경해서 받은 건물이라 구입 당시 대폭적인 개조는 하지 못했습니다. 수도관을 끌어오거나 벽을 없애는 등 전부 특별 주문으로 시공했습니다."

집기·상품 매입비용 : 약 5만 엔

"프리랜서 때 쓰던 것을 사용해서 처음에는 샴푸 등을 구입하는 비용 정도만 들어갔습니다."

[리뉴얼 오픈 당시]

▼자금마련
자기자본 400만 엔

"개업하던 시기부터 5년 차가 되면 리뉴얼을 할 생각이었기 때문에 꾸준히 돈을 모았습니다."

▼설비투자, 집기비용
설비투자 : 약 350만 엔
(건물 자재비·건축비 포함)

"한 음향업체가 만든 애견용 방음실을 60만 엔에 구입했습니다. 주택가이기 때문에 개 짖는 소리가 주민들에게 피해를 줄 것 같아 이전부터 설치할 계획이었습니다."

집기·상품 매입비용 : 약 30만 엔

"상품판매 공간이 넓어진 만큼 도그웨어나 사료를 많이 진열할 수 있게 되어 매입비용은 늘었습니다."

↓상품판매 공간에는 도그웨어나 사료 외에도 도그쇼에 출전했을 때 찍은 사진도 걸려 있다.

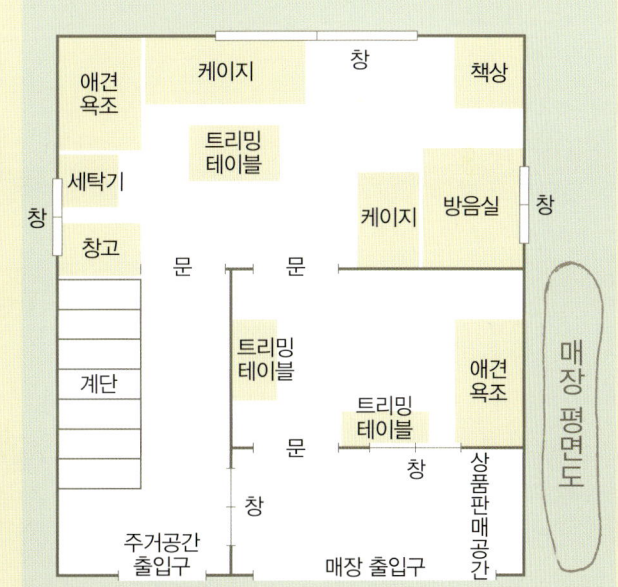

매장 평면도

←토이푸들의 브리딩도 하고 있다. 사진은 생후 1개월 된 새끼 강아지 (좌/실버, 우/블루).

'LOGSH'

소재지*지바현 야치요시 오와다신덴 1035
교통편*도요고속철도 도요고속선 '야치요 미도리가오카'역에서 도보 10분
규모*15평
영업시간*10:30~20:00
정기휴일*수요일
직원*오너와 트리머 1명, 총 2명
TEL*047-458-0694

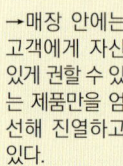

→매장 안에는 고객에게 자신 있게 권할 수 있는 제품만을 엄선해 진열하고 있다.

적은 자본을 현명하게 활용

국도변에 위치해 차량 접근성이 뛰어난 'LOGSH'. 인근 지하철역 앞에는 대형 쇼핑몰과 아파트가 있는 등 더할 나위 없이 좋은 입지 조건이다.

오너인 와타나베 미쓰히로 씨는 "제가 이 지역 출신이라는 점과 트리밍스쿨 재학 때부터 집에서 이웃 개들을 트리밍하고 있었기 때문에 오픈하게 되면 이 근처가 좋을 것이라고 생각하고 있었습니다. 이곳은 제가 발로 뛰어다녀서 찾은 물건입니다"라고 말한다.

이상적인 물건을 찾아 매장을 오픈 한 것이 2009년 1월. 당시 22세라는 젊은 나이에 개업을 하는 데는 많은 고충이 있었다고 한다.

"언젠가는 개업을 해야겠다는 생각에 학창시절부터 차곡차곡 저축을 했습니다. 은행에서 대출을 받을 때도 역시 22세라는 나이가 걸림돌이 되었는지 좀처럼 심사에서 통과되지 않았습니다."

매장의 위치가 결정된 후, 개업 준비에 착수한 그는 개조비용을 절약하기 위해 가능한 부분은 모두 직접 손봤다고 한다.

"고객의 눈에 잘 띄는 접객(接客, 고객을 맞이함) 공간과 전기와 수도배관 등 제 손으로 하지 못하는 곳만 전문업자에게 맡기고, 트리밍 공간과 외벽은 직접 칠해서 비용을 최대한 절약했습니다."

매장 안에 있는 선반도 손수 구입한 재료로 조립하고, 고객관리카드와 팸플릿도 직접 제작하는 등 비용 절감을 위해 모든 부분에서 노력을 기울였다.

profile

와타나베 미쓰히로

1986년 지바현 출생. 중학교 때부터 주니어 핸들러로 경험을 쌓은 후 브리더 밑에서 견습. 고교 졸업 후에는 스카이 그루밍 스쿨에 입학함과 동시에 자택에서 트리밍을 시작함. 2009년 1월에 'LOGSH'를 오픈. 현재는 비숑과 토이 푸들의 브리더로도 활동 중이다.

'양보다 질'로 타 매장과 차별화

'LOGSH'는 오픈한 지 5년이 지난 현재 단골고객은 물론 신규고객도 끊임없이 찾는 인기 미용실로 소문이 자자하다. 하지만 놀랍게도 홍보는 거의 하지 않았다고 한다.

"고맙게도 집에서 트리밍을 했을 때도 매장을 오픈한 후에도 고객들의 입소문만으로 많이 알려졌습니다."

견주들의 입소문을 통해 인기를 얻은 만큼, 그는 고객을 상대할 때 고객의 반응을 유심히 살핀다고 한다.

"예전에 '사료'라는 단어를 썼을 때 한 고객의 표정이 순식간에 바뀌었습니다. 애견을 가족으로 생각하고 있으니 당연한 거겠죠. 그 후로 저는 '밥'이라고 바꿔 말하고 있습니다. 그런 사소한 반응도 놓치지 않으려고 애쓰고 있습니다."

매장에는 믿을 수 있는 업체의 상품만을 진열하고, 또 모두 미리 사용해볼 만큼 철저하게 체크한다.

"푸드와 샴푸제 등 몸에 직접 닿는 것에는 특히 신경을 쓰고 있습니다. 시식을 해보거나 원재료를 조사하기도 하죠! 제가 노력해서 얻은 정보인 만큼 고객에게도 자신 있게 권할 수 있어요. 일부 가격대가 높은 제품도 있지만, 그 장점을 제대로 설명해드리면 고객들도 수긍합니다."

"'양보다 질'로 타 매장과의 차별화를 꾀하고 싶다"는 와타나베 씨에게 향후의 경영방침에 대해 들어보았다.

"트리밍뿐만 아니라 출장 트레이닝과 도그쇼 등에도 주력하고 싶습니다. 그래서 제가 가게를 비워도 마음 놓고 맡길 수 있는 인재를 키우고 싶어요. 현재의 목표는 도쿄 진출! 직원들과 힘을 모아 꿈을 이루겠습니다."

경영 정보

▼자금마련(오픈 당시 자금)
자기자본(90만 엔)+은행 대출금(300만 엔)
=총 390만 엔

"공교롭게도 미국의 리먼 쇼크(2008년 미국에서 시작된 금융위기)가 일어난 시기라 은행의 대출심사가 매우 까다로웠습니다. 아버지가 보증인이 되어주셔서 겨우 빌릴 수 있었습니다."

▼설비투자, 집기비용
설비투자 : 약 130만 엔
(건물의 자재비·건축비 포함)

"외장은 제가 칠하고 정말 최소한의 것만 업자에게 의뢰했습니다. 비품도 중고센터에서 구입하여 최대한 비용을 아꼈습니다."

집기·상품 매입비용 : 약 190만 엔

"개업을 하면 업소용 드라이어는 꼭 마련할 생각이었습니다. 샴푸의 종류도 늘리고 싶어서 그 비용으로만 20만 엔 정도가 들었습니다. 브리더 사업도 시작할 계획이어서 브리딩을 위한 새끼 강아지도 구입했습니다."

매장 평면도

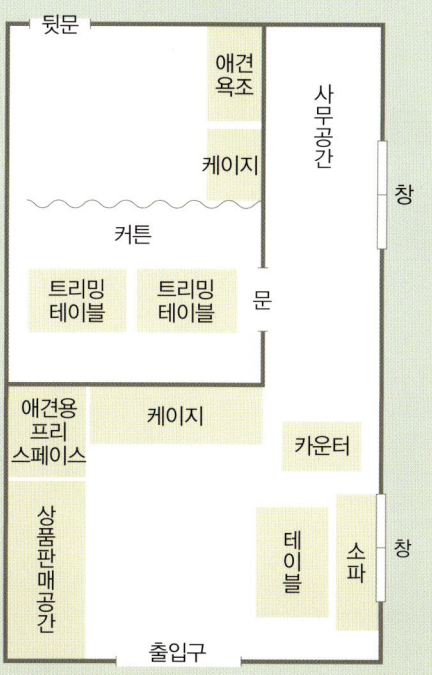

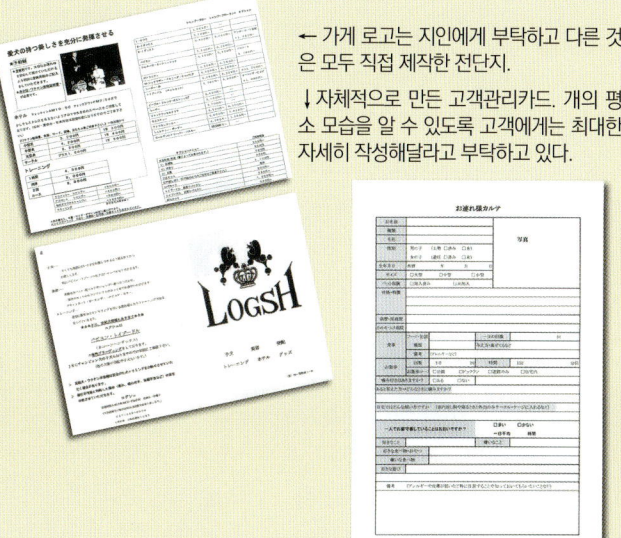

← 가게 로고는 지인에게 부탁하고 다른 것은 모두 직접 제작한 전단지.

↓ 자체적으로 만든 고객관리카드. 개의 평소 모습을 알 수 있도록 고객에게는 최대한 자세히 작성해달라고 부탁하고 있다.

File 06

'Loco Dog Salon'

소재지*사이타마현 후지미노시 나카후쿠오카 196-11
교통편*도부도조선 '가미후쿠오카'역에서 도보 20분
규모*20평 (1층 애견미용실 만)
영업시간*10:00~18:00
정기휴일*월요일
직원*오너 겸 트리머 1명
TEL* 049-267-3043
URL*www.locodogsalon.jp

← 츠치야 씨가 컴퓨터 실력을 발휘해 제작한 오픈 당시 전단지

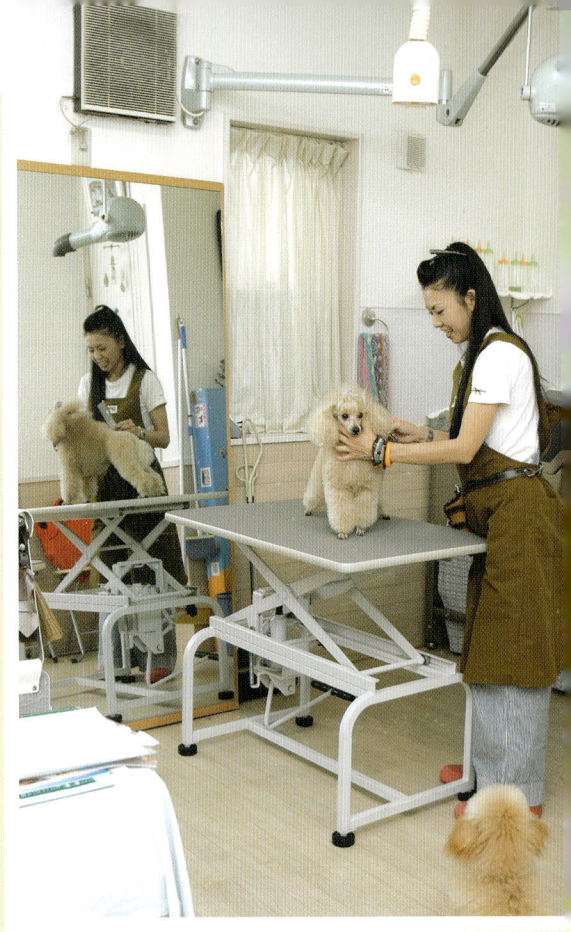

→ 작업공간을 충분히 확보할 수 있다.

단독주택을 새로 지어 오픈

사이타마현 가미후쿠오카의 한적한 주택가에 자리잡은 'Loco Dog Salon'. 매장 맞은 편에는 중학교가 있고 주변은 논밭에 둘러싸인 그야말로 자연의 정취가 물씬 풍기는 곳에 자리잡은 애견미용실이다. 이곳은 3층짜리 단독주택으로 1층이 애견미용실, 2~3층이 오너의 주거공간으로 되어 있다.

오너인 츠치야 마유미 씨는 "이곳은 제가 나고 자란 곳으로 부모님도 이곳에서 오랫동안 자영업을 하셨습니다. 그런 환경에서 자랐기 때문에 일을 할 거면 자영업을 해야겠다는 생각을 늘 하고 있었습니다."라고 말한다.

나고 자란 이 지역에서 애견미용실을 오픈하기로 결심한 후부터 1년 가까이 꾸준히 가게 자리를 물색하고 다녔다. 어느 날 지인의 소개로 알게 된 부동산에서 소개받은 곳이 현재의 위치로 중학교 바로 앞이라는 좋은 입지조건을 갖추고 있었다.

다만 워낙 낡은 건물이었기 때문에 "아예 새로 짓자!"는 큰 결심을 하게 되었다. 주거공간으로도 사용하기 위해 3층짜리 건물을 세웠다. 2007년 1월에 완공되어 1층을 애견미용실로 오픈했다.

회사 경험을 살려

츠치야 씨는 다소 독특한 경력의 소유자이다. 예전에는 일반 기업에 근무하며 17년간 PC관련 업무에

profile

츠치야 마유미
사이타마현 출신. 시스템 엔지니어로 기업에 근무하면서 트리밍스쿨에 다님. 그 후 비즈니스 코스에 진학하여 창업을 계획하고 17년간 근무한 회사를 퇴직하고 트리머로 본격적인 활동 시작. 2007년에 고향인 사이타마현 후지미노시에 애견미용실과 자택을 겸한 3층짜리 단독주택을 지어 오픈.

종사했다. 재직 중에 트리머로 직업을 바꾸기로 결심하고 회사와 트리밍 스쿨을 병행하여 개업을 하게 된 케이스이다.

17년 간 회사에 근무하며 쌓은 PC 활용능력은 개업 후에도 요긴하게 쓰이고 있다고 한다. 로고의 디자인과 전단지 제작, 홈페이지 제작에 이르기까지 PC를 활용할 수 있는 것은 모두 손수 제작했다.

"대출을 받을 때도 회사에 다니고 있는 편이 유리하기 때문에 재직 중에 대출을 받았습니다. 예전 직장을 십분 활용한 것이죠(웃음)."

회계 자격증을 갖고 있었기 때문에 경영에는 크게 거부감이 없었다. 게다가 본가가 자영업을 했기 때문에 장부 작성 경험도 있어 많은 도움이 되었다.

'지역 출신'으로 고객과의 신뢰도 향상

'지역밀착형'을 추구하는 이 미용실은 외장과 로고에 사용한 색상에서도 그 철학이 잘 드러난다. 건물의 외장은 '주변 논밭과 잘 어우러지도록' 엷은 황색을 골랐고 녹색 지붕을 매치했다. 로고의 배색도 황색과 녹색으로 디자인해서 자연의 풍경에 잘 녹아 드는 색상으로 신경썼다고 한다.

오픈 당시에 딱히 홍보 활동은 하지 않았다. 중학교 정문 앞이라는 입지조건 덕분에 학생들이 부모에게 "애견미용실이 생긴 것 같다"는 소문을 알아서 내줬다고 한다.

"그리고 지인들이 근처 공원에 산책을 나온 분들에게 저희 미용실이 오픈했다는 소문을 내주신 것 같습니다. 고객 입장에서는 이 지역 출신이라는 것이 마음에 든 것 같습니다."

되도록 고객과 커뮤니케이션을 하면서 트리밍과 건강에 관한 조언 등을 종합적으로 지원하고 있다고 한다.

"앞으로는 애견 카페나 도그런, 동물병원 등이 병설된 복합형 매장으로 키우고 싶습니다. 이 지역 분들에게 애견 하면 바로 이곳! 하고 떠올릴 수 있는 장소로 자리잡고 싶습니다."

경영정보

▼자금 마련(오픈 당시 들어간 자금)
대출금 : 총 300만 엔
"회사원 시절에 모은 돈은 가급적 남겨두고 싶어서 전액 대출을 받았습니다. 대출은 회사에 다닐 때 받아두었습니다."

▼설비투자, 집기비용(1층 매장 공간만)
설비투자 : 약 270만 엔
(건물의 자재비·건축비 포함)
"매장 안의 사양은 거의 모두 제가 고안했습니다. 바닥은 잘 미끄러지지 않는 쿠션 플로어로 만드는 등 애견 친화적인 공간으로 만들기 위해 과감하게 투자했습니다."
집기·상품 매입비용 : 약 20만 엔
"트리머를 목표로 한 시점부터 언젠가 내 가게를 열자고 마음 먹었기 때문에 조금씩 사 모으고 있었습니다."

→츠치야 씨가 디자인한 가게 간판
→→견용 '칫솔 키핑' 서비스를 실시하고 있다. 보기에도 귀엽고 고객들의 반응도 좋다.

매장 평면도

File 07

'ANIER-Dog Grooming Room-'

소재지*도쿄도 오타구 구가하라 5-30-7
교통편*도큐이케가미선 '지도리초'역에서 도보 8분
규모*5.25평 (매장 공간만)
영업시간*10:00~18:30
정기휴일*화요일
직원*오너와 트리머 1명, 총 2명
TEL*03-3753-4111
URL*http://anier.net

←오픈 시에 배포한 전단지는 오너인 스도 씨가 손수 제작했다.

→기자재와 집기는 작업동선을 고려해서 배치했다.

꼼꼼한 사전조사로 이상적인 애견미용실을 구현

단독주택이 늘어선 한적한 분위기의 주택가에 자리 잡은 'ANIER-Dog Grooming Room-'

이 가게는 '친근하고 청결한 느낌의 애견미용실'을 만들고 싶었다는 오너 스도 레나 씨의 바람대로 자택의 1층을 개조하여 오픈 한 자택 개업형 애견미용실이다.

야마자키동물전문학교에서 동물간호학을 전공하고 졸업 후에는 이 학교의 조교로 근무한 경험이 있는 스도 씨는 "언젠가는 강아지와 직접 교감할 수 있는 일을 하고 싶었는데, 개업은 생각지도 못한 계기로 결정하게 되었다"고 한다.

"원래 이곳에서 살고 있었고 집을 재건축하기로 결정했을 때 개업 이야기가 나오게 된 것입니다."

학창시절부터 이웃집 개들을 트리밍 해준 경험이 동네에서 개업하는 것에 유리하게 작용했다고 한다.

이렇게 2007년 10월에 개업을 결심하고 이듬해 8월에 매장을 오픈했다. 스도 씨는 당시 전문학교를 퇴직하지 않은 상태였기 때문에 휴일과 아침저녁 시간을 틈내 개업을 준비하는 '투잡' 상태였다고 한다.

"빡빡한 일정이었지만, 제조업체가 참가하는 전시회에 가서 구매할 기자재나 상품을 리서치 하는 일은 즐거운 경험이었습니다. 실제 시공 당시 저는 물론이고 건축업자도 애견미용실은 처음해보는 일이라서 상당히 애를 먹었습니다."

profile

스도 레나

도쿄도 출신. 야마자키동물전문학교를 졸업한 후 동교에 입사. 학창시절부터 자택에서 이웃 개들의 트리밍을 해왔다. 2008년 8월 재직 중에 주거 겸 애견미용실로 사용할 단독주택을 지어 오픈. 그 후 2009년 3월에 6년간 근무한 학교를 퇴직하고 현재는 오너 겸 트리머로서 활동 중이다.

경영정보

▼ 자금마련(오픈 당시 들어간 자금)
은행 대출금(주택 대출금) : 약 4,000만 엔
"전문학교에 근무하던 시절에 대출을 받았습니다. 근속년수가 5년 이상이면 대출을 받기 쉬워 자금을 어렵지 않게 마련했습니다."

▼ 설비투자, 집기비용
주거+매장의 총 건축비 : 약 3,000만 엔
"벽에 방수가공을 하고, 천장에 드라이어를 설치할 수 있도록 공사를 하는 등 트리밍 룸에는 꽤 많은 투자를 했습니다."
집기·상품 매입비용 : 약 125만 엔
"트리밍 테이블과 가위 등 기본적인 도구만 있었기 때문에 애견 욕조와 드라이어 등의 기자재를 세트로 구매했습니다. 선반 등의 인테리어 소품은 가격이 합리적인 것을 골랐습니다."

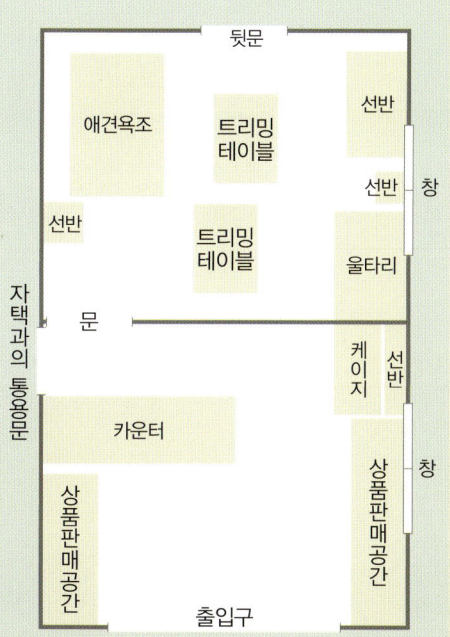

또한 매장 공간 구성에 참고하기 위해 친구가 일하는 미용실에서 견학 하기도 했다. '어떤 집기를 사용하고 있는지', '상품은 어디에서 구매하고 있는지', '사용하는 데 불편한 점은 무엇인지' 등 다양하게 배울 수 있어 큰 도움이 되었습니다."

조사한 내용을 토대로 좋은 점은 받아들이고 불편한 점은 보완하면서 서서히 매장의 이미지를 만들어나갔다고 한다.

산책과 입소문이 홍보 활동

지역 토박이들이 많고 개를 키우는 가정이 많은 이 지역에서는 견주들의 입소문이 매우 큰 영향력을 갖고 있다.

"예전부터 저희 매장의 간판견인 '루나(골든 리트리버)'를 데리고 산책을 다녔기 때문에 개를 키우는 분들을 많이 알고 있었습니다. 그래서 그분들에게 오픈 소식을 알렸습니다. 그리고 예전부터 트리밍을 맡기시던 분들이 새로운 고객을 소개해주거나 입소문을 내주셔서 많이 확산되었죠."

또 맡은 개를 데리고 산책 나간 일이 신규고객이 찾아오는 계기가 되었다고 한다.

"여러 마리를 데리고 다니다 보니 눈에 띄기도 했겠지만 '우리 아이를 맡기면 저렇게 산책까지 할 수 있다'는 신뢰감도 얻은 것 같습니다. 게다가 부모님 세대부터 이 지역에 살고 있어서 지역 분들이 상당히 많은 도움을 주셨어요."

이렇게 견주와 커뮤니케이션을 할 기회가 많아서 정보를 교환하고 사육 스타일을 파악하는 데도 큰 도움이 되었고, 입소문 외에도 긍정적인 측면이 많다고 한다.

"도그 웨어의 색상이나 장난감 소재 등에 관해 이야기를 나누다 보면 견주의 취향을 알 수 있어 상품을 매입하는 데 좋은 참고가 됩니다. 고객 입장에서 산책 가던 길에 잠시 들러 수다 떨 수 있는 친근한 애견미용실로 자리 잡았으면 합니다."

↑→도그웨어나 애견용품은 '고급스러우면서도 합리적인 가격'의 상품을 중심으로 구비했다.
최근에는 고객의 취향에 맞추어 상품을 매입하고 있다.

File 08
'Dog Salon LOOP's

소재지*도쿄도 시나가와구
고야마 6-13-2
교통편*도큐메구로선
'니시코야마'역에서 도보 1분
규모*8평
영업시간*10:00~19:00
정기휴일*둘째 주 화,수요일
(연말연시는 변경될 수도 있음)
직원*오너 겸 트리머 1명
TEL*03-6452-3362
URL*dogsalon-loops.com

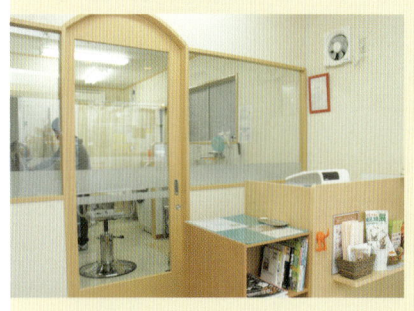

←트리밍 룸과 카운터 사이에 큰 유리문을 설치하여 탁 트인 공간으로 구성했다.

→몸을 자유롭게 움직일 수 있도록 트리밍 룸의 공간을 여유롭게 잡았다.

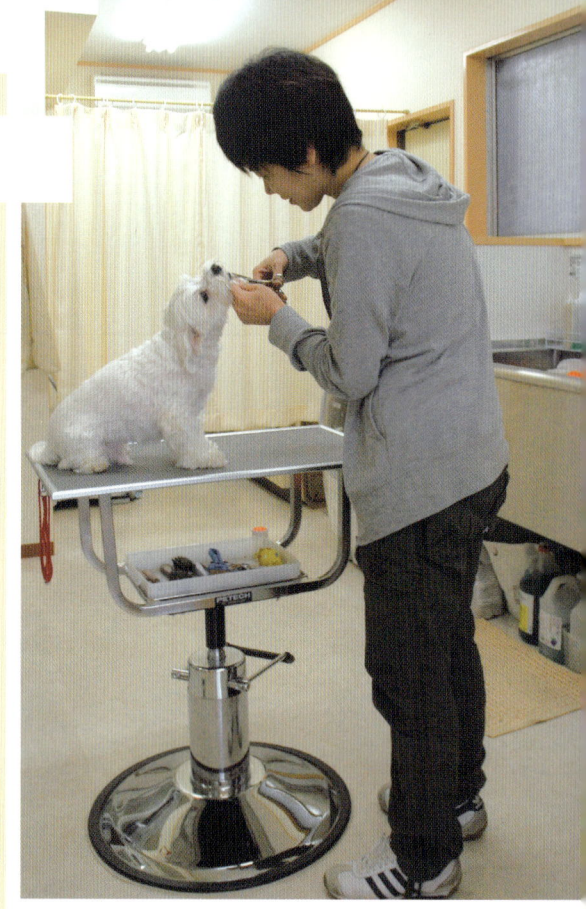

'역에서 가까운 거리'와 '심플함'이 핵심 포인트

도쿄 시나가와구의 아늑한 상가 한 켠에 자리잡은 'Dog Salon LOOP's. 역에서 도보 1분 거리로 교통편이 좋고 매장 근처에는 코인 주차장이 몇 군데 있다. "이것이 바로 제가 이 곳에 오픈한 가장 큰 이유입니다."

매장 입지로 가장 중요하게 생각하고 결정한 것은 전철로도 자동차로도 찾아오기 쉽다는 점이었다.

"예전 직장에서 저를 지명해주셨던 고객이 이 지역에 많습니다. 그래서 이 근처에서 개업할 생각이었습니다. 오픈할 건물을 찾는데 1년은 걸릴 거라 생각했는데 두 달 만에 찾았으니 정말 행운이지요."

임대건물을 찾고 오픈하기까지 약 5개월 정도 걸렸다. 매장을 오픈하기 한 달 전에 전 직장을 그만뒀기 때문에 고생도 많았던 듯하다.

"자금 면에서는 은행 대출과 심사 등 불안한 점이 많았어요. 게다가 처음 개업하는 거다보니 뭐가 맞는지 전혀 모르는 상태에서 모든 것을 혼자 결정하는 것이 너무 힘들었습니다."

그래도 이전 고객들이 오래 기다리지 않도록 일찍 오픈할 수 있었다. 매장은 누구나 부담없이 들어올 수 있는 분위기로 설계했다.

"매장의 분위기 때문에 고객이 한정되지 않도록 처음에는 심플한 분위기로 만들려고 신경을 좀 썼습니다. 벽은 아이보리 색을 바탕으로 하고, 선반 등도 내

profile

시모이시 마키코

히로시마현 출신. 지바 그루밍 스쿨 졸업 후 애견미용실에 취업, 트리머로 수련을 쌓음. 2003년 대형 애견용품 제조사에 입사해 직영점에서 근무. 치프 트리머로 종사하며 매장 운영 담당. 7년 간 근무 후 퇴직. 2010년 3월 도쿄 니시고야마에 Dog Salon Loop's 오픈.

경영정보

▼자기마련(운영자금 포함)
자기자본+은행 대출금 : 약 600만 엔
"개업을 하기 위해 전부터 저축을 하고 있었습니다. 임대물건이라 대출금액은 운영자금도 포함해서 견적을 냈습니다."

▼설비투자, 집기비용
설비투자 : 약 220만 엔
"매장 안의 사양은 타 미용실을 참고하면서 생각했습니다. 밝고 개방적인 느낌을 주는데 중점을 두었습니다."

집기·상품 매입비용 : 약 150만 엔
"애견욕조와 트리밍 테이블 등 기본적인 기자재는 세트로 구입했습니다. 그리고 마이크로 버블은 꼭 구입할 계획이었기 때문에 그만큼 비용이 더 들었습니다."

추렴한 것으로 골랐습니다."

또한 혼자서도 영업하기 수월하도록 작업 중에 바깥 상황이 잘 보이도록 했고, 카운터와 욕조, 견사 모두 트리밍 테이블 근처에 배치했다.

나만의 색깔이 묻어나는 매장으로

매장이 역에서 가깝고 통행인이 많아 사람들 눈에 잘 띄어 오픈 당시에는 별다른 홍보 활동을 하지 않았다고 한다.

"오픈 전에 입구에 비치한 전단지를 가져가는 분도 있었고 무슨 가게가 생기는 거냐고 직접 물어보는 분도 많았습니다. 이 지역은 개를 키우는 가정이 많아 견주들의 입소문을 탄 것 같습니다. 애견미용실을 오랫동안 운영하기 위해서는 역시 지역에 밀착된 분위기와 서비스가 중요하다고 느꼈습니다."

요금 설정에 관해서는 고민이 많았다고 한다.

"우리 미용실 요금이 타 매장에 비해 조금 비싸다고 느낄 수도 있습니다. 가격이 저렴하면 고객을 쉽게 모을 수도 있겠지만, '양보다는 질이다, 한 마리 한 마리 소중하게 다루겠다'는 생각으로 정했습니다."

매장에 오신 고객에게 요금을 환원한다는 의미를 담아 포인트가 쉽게 쌓이는 방식을 고민했다고 한다. 그 외에도 다양한 서비스를 고안하고 있다. 또한 앞으로는 인테리어를 리뉴얼 하거나 POP 광고(아래 그림 참조) 광고 등을 더 충실히 해나갈 계획이다.

"전 직장에서 전단지와 명함, POP 광고 등을 직접 제작해 왔기 때문에 기본적인 테크닉은 갖추고 있었지만, 오히려 예전 습관이 남아서 좋지 않은 것 같습니다(쓴 웃음). 좀 더 저만의 색깔이 묻어나는 매장으로 만들고 싶습니다."

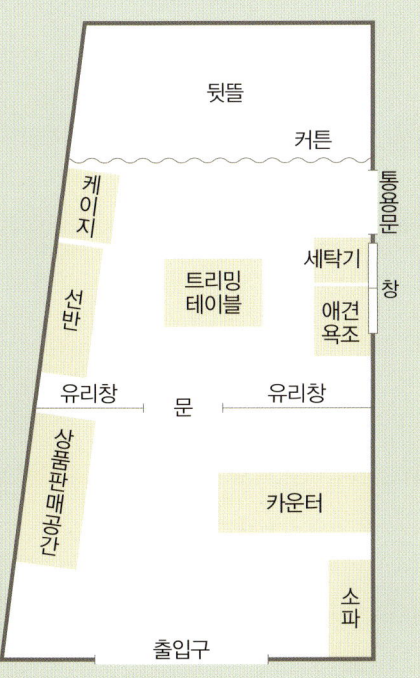

매장 평면도

→매장 앞에 설치한 POP 광고. 어필 포인트를 알기 쉽게 작성했다.

→→카운터 아래에 비치된 강아지 물그릇. 이용하는 개가 많은 듯하다.

← 간식은 국산, 케어 용품은 피부에 순하고 안전한 것을 엄선해서 판매하고 있다.

File 09 [동물병원 병설형 애견미용실]

'트리밍 살롱 아라모드'

소재지*지바현 나가레야마시 미나미나가레야마 1-21-8
교통편*JR무사시노선, 쓰쿠바 익스프레스, '미나미나가레야마'역에서 도보 7분

규모*약 25평
영업시간*10:00~19:00 정기휴일*없음
직원*트리머 5명
TEL*04-7199-8457
URL*www.ts-alamode.com

←동물병원이던 당시 카운터를 그대로 사용하고 있다.

→동물병원 병설 애견미용실이라는 강점을 살려 애견 건강을 고려한 트리밍에 주력하고 있다.

프랜차이즈의 강점을 살린 애견미용실

역에서 가깝고 큰 도로변에 위치하여 찾기 편한 '트리밍 살롱 아라모드'. 지바현에 소재한 패밀리 동물병원 그룹의 애견미용실 2호점으로 2008년 5월에 오픈했다. 과거에는 동물병원이 같이 있었지만 2008년 오픈 당시 독립했다.

"원래 동물병원이었던 건물에 애견미용실을 오픈했습니다. 그래서 인테리어와 공간 배치를 크게 바꾸지 못했지만 화이트 색의 벽과 개방적인 바닥 등 청결한 분위기를 중시했습니다"라고 말하는 미나미가레야마점의 매니저 겸 트리머인 아카마 미에 씨. 통유리로 된 과거 진찰실이었던 곳은 트리밍 룸으로, 수술실은 트리머의 휴게실로 각 장소의 특징을 살려 활용하고 있다. 예약이 많은 날은 트리밍 룸뿐 아니라 카운터 뒤편의 남는 공간에 트리밍 테이블을 4~5대 더 놓고 작업한다고 한다.

여유로운 공간에서 고객들이 볼 수 있게 트리밍을 하는 이 매장은 "알고 보면 보이지 않는 부분에 신경을 많이 썼다"고 한다. 오픈을 앞두고 주변 애견미용실보다 요금을 약간 높게 설정했다. 저렴한 가격보다는 '이곳의 트리머에게 다시 맡기고 싶다'는 생각이 들만한 기술과 서비스를 제공하여 부가가치를 높이고 있다고 한다.

"다른 가게보다 1,000~2,000엔 정도 비싼 만큼 기술과 서비스의 질을 높여 고객에게 환원하고자 합니

→고객이 친근함을 느낄 수 있도록 제작한 명함. 이 명함 덕분에 화기애애한 대화가 이어지는 경우도 있다고 한다.

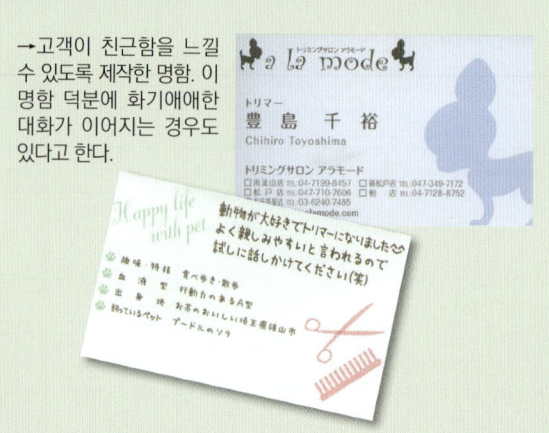

다. 또 다른 가게보다 비싼 요금을 받고 있다는 의식이 트리머에게도 좋은 자극을 주는 것 같습니다."

기업의 자금력을 이용한 적극적인 홍보 활동

동물병원에 병설된 애견미용실로 출발한 이곳은 그 경쟁력을 살려 오픈 당시에는 신문에 전단지를 넣어 배포하거나 지역 신문에 광고를 게재하는 등 적극적으로 홍보활동을 했다고 한다.

"홍보에는 꽤 신경을 썼습니다. 전문가에게 전단지 디자인을 의뢰하여 제작했고, 동물병원에 다니던 고객들에게 DM을 보내는 등 홍보에는 투자를 아끼지 않았습니다."

가게의 인지도를 높이기 위해 '오픈 기념 이벤트'도 실시했다. 첫 방문 시 50% 할인이라는 파격적인 요금 혜택으로 이벤트를 기획했다.

"10% 할인이면 임팩트가 약할 것 같아서 과감하게 50% 할인을 실시했습니다. 첫 방문 시에만 제공한 서비스이지만 여러 고객에게 저희 매장을 알릴 수 있는 기회가 되었습니다." 실제로 오픈 당시에 방문한 분들이 지금도 계속 오신다고 한다. 이 밖에는 정성이 담긴 서비스와 기술력으로 착실하게 신뢰를 쌓아왔다.

또한 고객과의 관계성을 중시하는 이 매장만의 활동으로는 '커뮤니케이션 시트'의 도입이 있다. 담당 트리머가 고객과 상담한 내용을 모든 직원이 공유하기 위한 시스템으로, 어느 트리머가 고객을 응대해도 대화를 이어갈 수 있도록 했다고 한다. 게다가 트리머 개개인의 취미와 출신지 등 대화거리가 될 만한 내용이 담긴 명함을 전달한다.

"이 명함을 계기로 고객이 담당 트리머의 이름을 기억해주셔서 지명 횟수가 늘어나는 경우도 있었습니다. 친근함을 느끼는 고객이 많아진 것 같습니다."

고객과의 커뮤니케이션을 중시한 이 미용실에는 고객이 호감을 느낄 만한 요소가 곳곳에 배치되어 있는 듯하다.

경영정보

▼자금마련 (오픈 당시 들어간 자금)
동물병원 측의 부담 약 230만 엔
건축 자재비 : 0엔
동물병원 건물을 그대로 이용했기 때문.

▼설비투자, 집기비용
설비투자 : 약 20만 엔
"매장의 사양은 바꿀 수 없었지만 간판은 새롭게 제작했습니다"

집기비용 : 약 180만 엔
광고비 : 약 30만 엔
"오픈 당시에는 전단지를 2~3만 장 정도 제작해서 배포했습니다. 정기적으로 광고를 게재해서 고객 인지도를 높이고자 합니다"

→ 정기적으로 전단지를 배포하고 있다. '50% OFF' 문구가 눈에 잘 띄도록 디자인했다.

매장 평면도

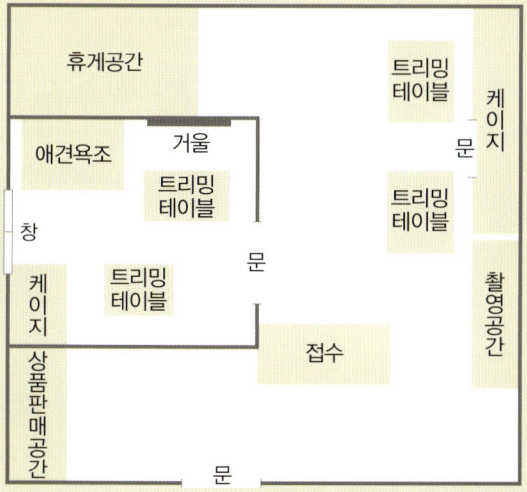

File 10 [동물병원 병설형 애견미용실]

'K-Wan 스킨케어 트리밍 샵'

소재지*지바현 이치카와시 미나토신덴 2-3-6
교통편*도쿄메트로 도자이선 '교토쿠'역에서 도보 5분
규모*7평
영업시간*10:00~19:00

정기휴일*없음   직원*트리머 2명
TEL*047-395-4935
URL*www.kwan-trim.com

←대형견도 충분히 들어갈 정도로 깊은 애견 욕조.

→트레일러 하우스를 활용한 애견미용실.

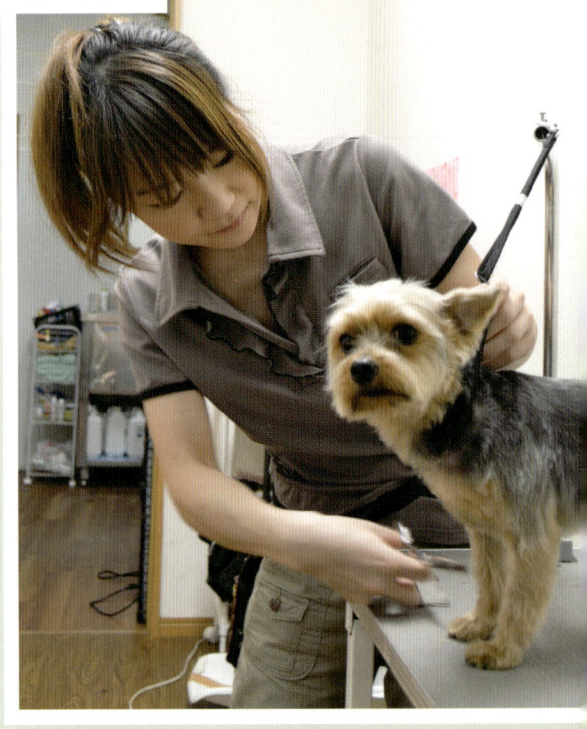

비용 대비 효과를 고려해 트레일러 하우스에 개업

애견샵과 애견미용실이 아직 드물던 약 20년 전에 개업한 'K-Wan 스킨케어 트리밍 샵'. 2012년 11월에 1호점이 입점해 있던 건물이 철거되면서 경영기반의 모체인 교토쿠 동물병원 바로 옆으로 장소를 옮겨 신규 오픈했다.

"예전 매장은 이전에 입점해 있던 동물병원이 있던 자리로, 설비까지 포함해서 인수했고 내장과 리모델링을 포함해 약 500만 엔 정도 들었습니다. 당시 월세는 15만 엔 정도였고, 2011년에 매장을 옮길 때는 고정 비용 등을 감안하여 트레일러 하우스를 구입했습니다."(교토쿠 동물병원 그룹 사무장 가와베 다이스케 씨)

내장과 외장 공사비는 물론이고 매달 들어가는 고정비용을 최대한 줄이기 위해서 어떤 형태의 애견미용실이 적합할지 검토했다고 한다.

"트레일러 하우스는 어느 정도 공간 확보가 가능하여 사용하기 편하도록 개조할 수 있고, 고정자산세와 매달 드는 유지비용이 저렴합니다. 게다가 자동차로 취급되므로 비용 대비 효과가 좋았습니다. 지바라는 지역 특성상 지진이 발생할 경우 액상화 현상(지진에 의해 지면이 물렁물렁해지는 현상)이 일어나기 쉬워 건물에 따라서는 영업이 불가능해지는 경우도 있습니다. 지진 발생 시에도 영향을 덜 받는다는 점이 결심을 굳히게 된 계기였습니다."

←↑공간이 여유로운 카운터.
"냄새에는 특히 신경을 쓰고 있어 대기실에도 향이 좋은 소품을 두고 있습니다."

경영정보

[첫 개업 당시]

▼자금 마련 자기자본 : 600만 엔

▼설비투자, 집기비용

설비투자 : 약 500만 엔

"설비까지 포함해서 인수한 물건을 개조하고 내장도 조금 손 보았습니다."

집기비용 : 약 100만 엔

"견사 등은 원래 있던 것을 그대로 사용하는 등 비용절감을 시도했습니다."

[이전 시]

▼자금 마련 자기자본 : 700만 엔

▼설비투자, 집기비용

설비투자 : 약 700만 엔

"트레일러 하우스의 구입비용은 약 600만 엔 정도. 장기적으로 보면 합리적인 가격입니다. 가스와 수도 공사비로 약 100만 엔 정도가 들었습니다."

집기비용 : 0엔

"이전 매장에서 사용하던 것을 그대로 사용했기 때문에 새로 구입한 것은 없습니다."

광고비 : 약 15만 엔

"홈페이지 제작에 비용이 들기는 했지만, 한 번 만들면 계속 활용할 수 있으니 비용 대비 효과는 좋은 편입니다. 정기적으로 새롭게 꾸밀 계획입니다."

+α의 서비스

처음 개업 시와 큰 차이점은 '제대로 된 서비스를 제공한다는 이미지를 고객에게 알리는 것'이었다. 트렌드가 크게 달라지고 경쟁업소가 늘어난 점도 고려하여 비용을 줄여 홍보 활동을 했다.

"가정용 프린터로 전단지를 만들어 애완동물을 키울 수 있는 아파트를 중심으로 직접 돌렸습니다. 업자에게 의뢰해서 포켓 티슈를 만들어 역 앞에서 배포한 적도 있습니다. 비용을 줄이기 위해 최대한 직접 제작했습니다. 다만 홈페이지만큼은 전문업체에 의뢰해서 제작했습니다. 우리 미용실을 모르는 분들도 친근함을 느낄 수 있고, 또 성실한 인상을 줄 수 있도록 제대로 제작하고 싶었습니다."

이 매장은 트리밍에 +α의 부가가치를 더해 신규고객을 확보하고 있다. 동물병원과 제휴하여 '치료와 미용의 중간 개념의 트리밍'이 실현되어 고객이 더욱 안심할 수 있는 환경이 갖춰져 있다고 한다.

"경영 모체인 교토쿠 동물병원에는 피부과와 종양과 등 각 분야의 전문의가 상시 대기하고 있어 전문의의 조언을 받으면서 샴푸와 트리밍을 할 수 있었습니다. '수의사가 봐주는 미용실이니 안심할 수 있다'는 이미지를 고객에게 줄 수 있는 것이 가장 큰 경쟁력입니다."

이곳은 고객이 기대하는 것 이상의 서비스를 제공하려는 의식이 강한 매장이다.

"오픈을 하고 2년이 지났지만 기존고객의 절반 이상이 꾸준히 유지되고 있습니다. 기존고객을 소중히 여기면서 신규고객도 모을 수 있는 효과적인 홍보 활동과 기대에 부응할 수 있는 기술력을 제공하고자 합니다."

매장 평면도

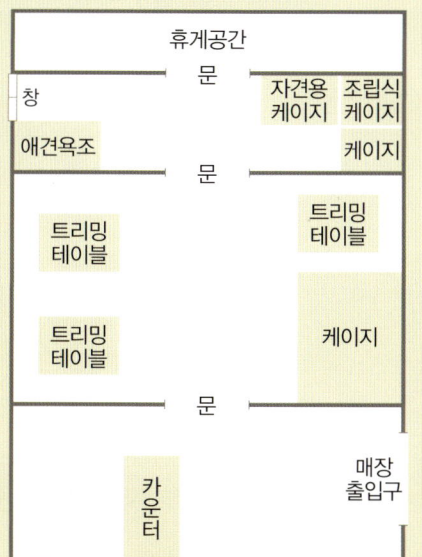

←오픈 당시 포스팅한 전단지. 모두 가와베 씨가 손수 제작한 것이다.

1
개업 준비 편

'내 가게를 갖고 싶지만 잘 할 수 있을까?' 하고
망설이는 분들이 많을 것입니다.
하지만 계획을 잘 세워서 준비해나가면
개업의 길은 생각만큼 멀지 않습니다.

개업 준비 편

개업을 결심했다면!

내 손으로 애견미용실을 열고 싶다고 생각했을 때 어떤 방법이 있는지 궁금할 것입니다. 우선 나에게 잘 맞는 스타일을 찾아봅시다.

개업이란 경영자가 된다는 것

애견미용실에 근무하는 트리머라면 한 번쯤은 '내 가게를 갖고 싶다'라는 생각을 가질 것입니다.

'나만의 스타일로 가게를 내고 싶다', '나의 기술을 좀 더 많은 사람들에게 제공하고 싶다', '남의 지시를 받으면서 일하고 싶지 않다', '돈을 벌고 싶다' 등 그 이유는 다양합니다.

누군가에게 고용되어 일할 때는 '오너는 참 속 편할 거야'라고 생각했는데 막상 경영자가 되면 그 동안 알지 못했던 일로 고생을 하게 됩니다. 경영자의 일은 그 누구도 도와주지 않습니다. 매출, 종업원, 고객 등 모든 것을 혼자서 처리해야 합니다.

"개업한 후에 오너가 얼마나 힘든지 알게 되었다"고 말하는 사람도 많습니다. '내 가게나 한번 해볼까'라는 안일한 마음으로 시작하면 오래 가지 못합니다. "나는 무엇 때문에 가게를 내려고 하는가?"라는 확고한 목표의식을 가지고 추진해야 합니다.

물론 힘든 만큼 기쁨과 보람도 배가 됩니다. 나의 꿈과 이상을 실현하기 위해서라도 계획적으로 준비해나가도록 하십시오.

다양한 경영 스타일

애견미용실이라고 하지만 나에게 맞는 스타일은 어떤 것인지, 각각의 특징을 파악한 후에 선정하는 것이 중요합니다. 다음 페이지에 애견미용실의 주된 경영 형태의 예를 게재하였습니다.

과거에는 애견미용실이라고 하면 강아지를 판매하는 애견샵에 딸린 경우⑥가 대부분이었습니다. 하지만 최근에는 미용 부문만 전문적으로 담당하는 애견미용실①과 자택의 일부를 개조하여 트리밍을 하는 스타일②이 늘고 있습니다. 작은 공간과 소규모 직원, 소자본으로 개업할 수 있다는 점이 그 이유 중 하나인 것 같습니다. 또한 애견을 사육하는 환경이 다양해짐에 따라 고객의 수요에 대응하는 영업 스타일도 다양해지고 있습니다. 이동 트리밍③과 출장 방문 트리밍④이 그 대표적인 예로 애견미용실이 적은 지역 외에 다양한 사정을 가진 견주들에게 주목받고 있습니다.

또 경영의 다각화를 추진하는 동물병원에서는 미용 부문을 병설·강화하는 예도 늘고 있는 추세입니다.⑤

트리머가 개업을 목표로 하는 경우에는 ① 또는 ②의 형태가 많은 비중을 차지합니다. 본서에서는 그 점을 감안하여 애견미용실의 개업과 경영에 대한 이야기를 하고자 합니다.

① 애견미용 전문점 (펫살롱)

현재 가장 많은 형태로 트리밍을 메인으로 하며 상품 판매와 애견호텔 등의 서비스를 제공하는 매장도 있습니다. 비교적 적은 자본으로 개업이 가능합니다.

② 자택 개업

자택의 일부를 작업 공간으로 활용하는 형태도 인기가 있습니다. 고객들로부터 신뢰를 얻는다면 도심부의 주택가에서는 큰 수요를 기대할 수 있습니다.

③ 이동형 트리밍

왜건 차량 등을 개조해 차 안에서 트리밍하는 형태로, 반려동물을 기르는 가정 주변에 주차하거나 할인매장이나 대형 마켓 내에서 영업하는 경우도 있습니다.

④ 출장 방문 트리밍

반려동물을 기르는 가정에 방문하여 트리밍을 합니다. 애견미용실에 데려가기 힘든 시니어 견이나 견주가 고령인 가정에서 수요를 확보할 수 있습니다.

⑤ 동물병원 병설형

백신 접종과 심장사상충 예방을 위해 동물병원을 찾는 견주가 고객이 되기 쉬우므로 병원과의 시너지 효과를 얻을 수 있습니다.

⑥ 애견샵 병설형

애완동물 판매부터 미용까지 일관된 서비스를 제공해 합리적입니다. 다만 살아 있는 동물을 다루는 경우 인력과 입지, 공간, 재고 부담 등 제약이 많은 편입니다.

개업 준비 편

상권과 마켓을 파악하자

애견미용실을 열기로 결심했다면 구체적인 준비에 들어갑니다. 상권과 마켓에 대해 알아보고 어디에 오픈할 것인지 결정하는 것이 첫 번째 단계입니다.

어디까지를 '상권'으로 볼 것인가?

상권이란 고객을 확보하기 위해 중점적으로 판촉 활동을 하는 지역을 말합니다. 애견미용실의 경우 일반적으로는 차로 약 15분 이내에 이동 가능한 구역이 1차 상권(가장 중요한 지역)'입니다. 30분 내에 이동 가능한 구역은 2차 상권(향후 고객을 확보해 나가고자 하는 지역)'으로 삼을 수 있을 것입니다.(그림1) 다만 우회로 등 편의성이 높은 도로나 역, 건널목, 강, 다리 등이 있으면 통행에 방해를 받습니다. 이런 경우에는 상권이 약간 변동됩니다.

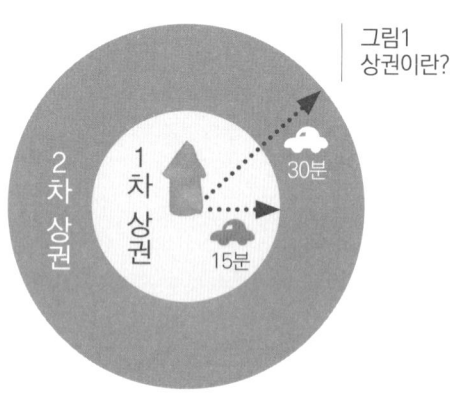

그림1
상권이란?

마켓을 파악하자

다음은 매장을 오픈 하려는 지역의 마켓(시장)을 파악할 필요가 있습니다. 경영자가 되면 사업체를 장기적으로 유지시켜 나가야 하기 때문입니다.

마켓이 작은 곳에 매장을 내면 아무래도 매출에 한계가 있습니다. 마켓을 파악하기 위해서는 우선 한국애견협회에서 발간하는 반려동물 관련 정보를 참고하여 사육 마릿수와 광견병 등록 마릿수로 등록율①을 산출합니다.

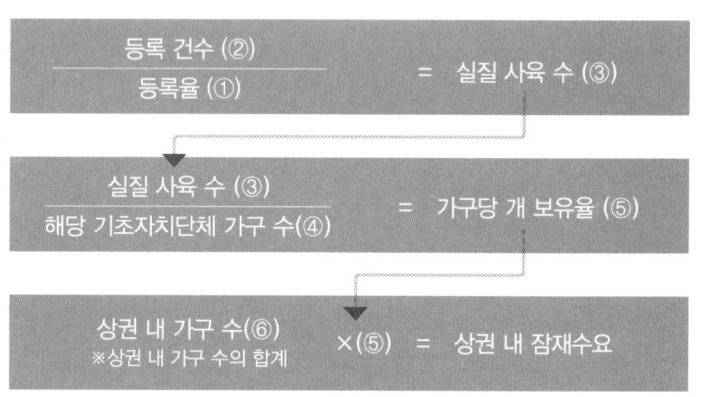

그림2
마켓의 산출방법

다음은 오픈 예정지가 속한 기초자치단체의 등록 건수②를 관공서에 문의합니다. 등록 건수를 등록 비율로 나누면 실질적인 사육 수③를 산출할 수 있습니다. 그리고 오픈 할 예정인 지역의 가구 수④를 조사하면 해당 지역의 가구당 개 보유율⑤을 알 수 있습니다. 다음으로 상권 내 가구 수⑥를 조사하고 여기에 가구당 개 보유율을 곱하면 오픈 예정지에 대략 개가 몇 마리나 있는지 예상할 수 있습니다.(그림2)

마켓을 숫자로 파악하자

마켓을 조사할 때는 그 지역성을 숫자로 파악하는 것이 중요합니다. 현재 키우는 개가 많아도 인구가 감소하고 있는 지역이라면 장래성이 없습니다. 즉 '현재'는 물론, 과거의 추이를 보거나 장래의 전망을 세우는 것도 중요합니다.

또한 매장의 컨셉트와 요금체계, 취급 상품 등을 정할 때도 그것이 수용될 만한 지역인지 아닌지를 생각할 필요가 있습니다. 그림3에서 제시한 데이터는 광역자치단체와 기초자치단체의 홈페이지에 게재된 통계정보를 보거나 관공서에 가면 알 수 있는 내용입니다. 우리 매장의 운명을 크게 좌우할 수 있는 중요한 지표이니 꼼꼼하게 조사해 두십시오.

그림3 꼭 알아두어야 할 마켓의 숫자

① 인구
· 세대별 인구
· 남녀별 인구
· 인구의 증감

② 가구 수
· 가구 속 성별 수
 (1인 가구 · 2인 이상 가구 등)
· 세대주의 연령별 수
· 가구 수의 증감

③ 주택 자가 비율

④ 소득 수준

개업 준비 편

애견미용실에 적합한 입지조건은?

개업 준비 중에서도 매우 중요한 것이 매장의 입지 선정입니다. 매출에 큰 영향을 미칠 수 있으니 신중히 선택하도록 하십시오.

입지 선정에는 시간과 발품을 아끼지 말자!

'매장의 입지조건'은 매출을 가장 크게 좌우하는 요인이라고 해도 과언이 아닙니다. 이는 비단 애견미용실뿐만이 아닙니다. 가게 자리가 좋지 않으면 직원들이 아무리 애를 써도, 좋은 서비스를 제공해도 매출이 오르기 어렵습니다.

한번 오픈하면 매장의 위치를 쉽게 바꾸지 못하므로 입지 선정만큼은 신중을 기해야 합니다. '건물이 비어 있어서', '역에서 가까워서', '사람들이 많이 지나다녀서'라는 간단한 이유만으로 정하지 말고 자세히 조사한 후에 결정하십시오.

매출을 좌우하는 입지조건

매출을 좌우하는 입지조건을 살펴보면 다음과 같은 일곱 가지를 들 수 있습니다.

① 거주 인구·가구 수가 많은 장소

애견미용실은 단순히 사람이 사는 주택가가 아니라, 개를 키우고 있는, 키울 가능성이 있는 사람이 사는 주택가 근처가 바람직합니다. 단독주택이 많으면 좋지만, 최근에는 반려동물을 기를 수 있는 아파트도 늘고 있습니다. 주택지도를 참고하면 해당 지역에 단독주택이 많은지 아파트가 많은지 판단할 수 있습니다.

② 교통량·유동인구가 많은 장소

매장 앞을 지나는 교통량과 유동인구는 매우 중요한 요소입니다. 아무리 역에서 가까워도 사람이 오가는 길목이 아니면, 매장의 존재를 알리기 어렵습니다.

주요 도로는 국토교통부가 발표하는 통계자료 등을 참조해서 시간대별 차량과 사람의 통행량을 조사할 수 있습니다. 이를 통해 주변 도로의 통행 상태를 확인해

역에서 무조건 가까워야 하는가?

역은 사람이 몰리는 시설이기 때문에 매장이 역에서 가까우면 유리한 입지조건이라 할 수 있습니다. 다만 역에서 가까워도 사람의 통행량이 적은 곳은 이점이 없습니다. 역에서 도보 ○분, ○미터라는 '거리'에만 집착하지 말고 실제로 그 역을 이용하는 사람들의 동선과 행동을 관찰한 후에 평가하십시오. 한 번만 볼 것이 아니라 평일과 휴일, 오전과 오후 등 여러 차례로 나누어 체크하는 것이 좋습니다. 통행인의 성별과 연령층, 반려동물을 데리고 다니는지 여부 등을 살펴보면 그 지역의 특성을 좀 더 잘 파악할 수 있습니다.

봅니다.

다만 유동인구가 많다 해도 오피스가 몰려 있는 빌딩가는 매일 같은 사람들이 오가고, 버스나 트럭 등 상용차가 많습니다. 또한 같은 도로라도 좌우 통행량이 다른 경우가 있으니 실제로 걸어보고 어떤 지역인지 판단합니다.

③ 사람들이 많이 모이는 장소

역과 대형 마켓, 쇼핑몰 등 사람들이 많이 모이는 시설이 인근에 있으면 입지 조건상 유리해집니다. 애견미용실의 경우 공원이나 하천 등이 가까이 있는 것도 유리한 조건 중 하나입니다.

또한 새로운 시설이 생겨 인구의 흐름이 크게 바뀌는 경우도 있습니다. 매장을 오픈한 후에 '유동인구가 줄었다'고 한숨짓는 일이 없도록 관공서에 가서 향후의 도시계획을 확인해 두면 큰 도움이 될 것입니다.

④ 인구의 동선 · 눈에 잘 띄는 장소

목적지까지 가는 경로가 여럿 있을 경우, 사람은 무의식적으로 다음과 같은 선택을 한다고 합니다.

- 목적지까지 가까운 쪽(최단 거리)을 선택한다
- 통행량이 많은 쪽(사람이 모여 있는 쪽)을 선택한다
- 보다 안전한 쪽을 선택한다

단 장소에 따라 다른 경우도 있으므로 실제로 후보지 주변을 걸어보고 특성을 파악합니다. 또한 눈에 잘 띄는 장소인 점도 중요합니다. 교차로의 모퉁이 등이 그 대표적인 예로 사람과 차량은 도로 중간에 있는 가게는 쉽게 지나치지만, 교차로의 모퉁이에 있는 가게는 잘 기억되고 눈에도 잘 들어옵니다. 다만 만성적인 정체 도로와 일방통행로 등 그 이점을 살리지 못하는 곳도 있으므로 주의가 필요합니다.

⑤ 분단요인이 적은 장소

분단요인이란 선로, 강, 언덕, 교통량이 많고 차선이 많은 도로와 같이 사람의 동선을 가로막는 것입니다. 자택에서 매장까지 이동 거리가 가까워도 도중에 분단요인이 있으면 실제보다 멀게 느껴져 가기를 꺼립니다.

⑥ 자동차로 접근하기 쉬운 장소

애견미용실을 찾는 고객의 차량 이용률(차로 방문하는 사람의 비율)은 지역에 따라 크게 다릅니다. 대도시의 중심부는 10% 이하, 지방 도시에서는 90% 이상인 곳도 있습니다. 오픈 예정 지역의 상황에 따라 다르겠지만 주차장의 유무는 물론이고, 매장 앞까지 차량이 올 수 있는지도 확인해야 합니다.

⑦ 경쟁상대가 적은 장소

경쟁업소가 많은 지역에서는 당연히 경쟁이 치열해집니다. ①~⑥까지의 요건을 모두 충족한다 하더라도 경쟁자가 많은 곳은 피하고 다른 장소를 검토해 보는 것이 좋습니다. 다만 단순히 경쟁업소의 수만 볼 것이 아니라 그 상세한 사항(컨셉트와 메뉴 등)도 종합적으로 판단할 필요가 있습니다. 전략적인 차별화를 꾀하는 것도 가능하기 때문입니다.

개업 준비 편

오픈 후보지의 리스트 업

숫자로 파악하면 그저 감으로만 알고 있었던 현재 상황과 차이가 있는지 증명할 수 있고, 장기적인 예측을 보다 수월하게 세울 수 있습니다. 본문에서는 오픈 지역을 선정하는데 필요한 데이터를 소개하겠습니다.

희망 지역의 수치를 산출해보자

'상권과 마켓을 파악하자'(p30~)와 '애견미용실에 적합한 입지조건은?'(p32~)에서 조사한 숫자를 토대로 오픈 후보지를 선별합니다.

이때 '이 장소가 괜찮을 것 같다'는 모호한 감각이 아니라, '숫자'라는 이론을 확실하게 고려할 필요가 있습니다. 한번 개점하면 장소를 바꾸는 것은 쉽지 않습니다. 나중에 후회하는 일이 없도록 꼼꼼하게 사전 조사를 하도록 합니다.

그림1과 같이 후보지 별로 지침이 되는 수치를 비교할 수 있도록 해두면 오픈 지역을 선별하기 쉽습니다. 그리고 '소득수준'과 '세대주의 속성', '임대료의 시세' 등도 함께 조사해두면 다양한 비교를 통해 지역 입지 선정이 훨씬 수월해집니다.

*

그림1에서 인구와 가구 수만 보면 '후보지 B'가 가장 숫자가 많고, 개의 수도 많으므로 오픈하기 좋은 지역이라고 생각하기 쉬울 것입니다. 하지만 전년 대비 증감률을 보면 그 수가 감소하고 있고 경쟁업소도 많으므로 앞으로 경쟁이 심화될 것으로 예상되는 지역이기도 합니다.

한편 '후보지 C'는 인구·가구 수 모두 증가하고 있으며 개의 보유율도 높아 애견미용실 한 곳당 개의 수가 많은 지역이라는 것을 알 수 있습니다. 이처럼 얻을 수 있는 다양한 수치를 비교해두면 각 후보지의 현황뿐 아니라, 장래성도 어느 정도 추측할 수 있습니다.

그림1 후보지 별 오픈 데이터

	후보지 A	후보지 B	후보지 C	후보지 D
인구	1,000	4,000	3,000	2,500
인구증가율(전년대비)	105%	98%	110%	88%
가구 수	350	1,300	1,150	900
가구 수 증가율	103%	96%	108%	85%
광견병 등록 수	35	325	230	162
개 보유율	10%	25%	20%	18%
경쟁업소 수	3	12	8	7
매장당 개 마리 수	12	27	29	23

그림2
지도와 스티커를 활용한 시장조사

■ = 주요 역　★ = 경쟁업소

지도에 표시해 비주얼화

후보 지역이 어느 정도 좁혀졌다면 해당 후보지의 지도를 준비합니다. 여기에 그림2와 같이 스티커 등을 이용하여 경쟁업소의 위치에 표시를 합니다.

그렇게 하면 어느 지역에 애견미용실이 몰려 있는지 또는 적은지를 시각적으로 파악할 수 있습니다. 혹시 애견미용실이 없는 지역이라면 노려볼 만합니다. 반대로 애견미용실이 몰려 있는 지역이면 제외하도록 합니다.

그 외에도 사람이 많이 모이는 시설이나 교통량이 많은 도로, 분단요인 등을 알 수 있도록 표시해두는 것도 중요합니다.

직접 발로 뛰어보자

여기까지는 데이터라는 숫자로 후보지를 좁혀왔지만 결국에는 스스로 발품을 팔아 그 동네의 분위기를 피부로 느껴보는 것이 중요합니다. 그러면 어떤 사람들이 사는 동네인지, 가장 가까운 역은 어디인지, 어떤 가게가 있는지 등 지도로는 알 수 없는 살아있는 정보를 얻을 수 있을 것입니다.

그리고 여기에서 내가 매장을 운영하는 이미지가 떠오르는지 아닌지도 중요합니다. 또한 그 지역의 더욱 정확한 분위기를 파악하기 위해서라도 후보지는 평일과 휴일, 아침과 점심, 저녁 등 각기 다른 상황에서 여러 번 살펴보도록 합니다.

수치상으로는 매력적인 지역이지만 실제로 걸어보면 분위기가 잘 맞지 않는다거나 어둡다거나 하는 느낌을 받을 수도 있습니다. 매장을 오픈한 후에 후회하지 않도록 인내심을 가지고 찾아보도록 합니다.

개업 준비 편

시장조사의 요령과 포인트

구체적으로 조사가 필요한 항목과 파악해야 할 정보에는 어떤 것이 있을까요? 오픈할 지역을 어느 정도 선별했다면 경쟁자와 고객을 파악하기 위해 조사를 합니다.

경쟁업소를 조사하는 목적

어느 정도 후보지를 선별했다면 해당 지역에 어떤 경쟁상대가 있는지 구체적으로 조사합니다. 경쟁자를 조사하는 목적은 앞으로 신규 진출하는 데 있어 필요한 '적의 정보를 알아내는 것'입니다. 나아가 우리 매장이 어떻게 하면 '차별화'를 도모할 수 있을지를 탐색하는 목적도 있습니다. 차별화란 '경쟁자와의 차이를 만들어낸다'는 말로 바꿔 말할 수 있습니다. 매장 컨셉트를 어떻게 잡을 것인가, 어떤 판촉방법을 활용할 것인가, 어떤 고객을 타깃으로 삼을 것인가 등은 경쟁업소의 정보를 고려하면서 결정하게 되므로 꼼꼼히 체크합니다.

경쟁업소 조사에서 체크해야 할 포인트

경쟁업소를 조사할 때는 단순히 매장만 둘러보지 말고 목적을 두고 진행해야 합니다. 그림1과 같이 매장별로 체크 포인트를 미리 정해두면 비교할 수 있으므로 편리합니다. 조사할 때는 실제로 해당 매장을 방문하는 '실지(實地)조사'를 합니다. 어떤 분위기의 매장인지 직접 봐야 알 수 있는 정보들이 많습니다.

● 매장 정보

매장 규모와 직원 수, 영업시간, 트리밍 테이블 수 등을 파악하면 매출을 어느 정도 예측할 수 있습니다. 그와 함께 고객이 어느 정도 오는지도 확인합니다. 방법은 전화를 해 한참 붐비는 요일이나 시간대에 예약이 가능한지를 조사하면 알 수 있습니다. 전화를 받을 때 응대를 얼마나 잘하는지도 확인합니다.

● 메뉴 정보

가격을 정할 때 필요한 정보입니다. 싼 가격을 내세우는 곳이 많은지 매장마다 다른지 등도 매우 중요한 사항입니다. 요금표는 홈페이지와 옥외광고, 리플렛 등에 게재되어 있는 경우가 많으므로 꼼꼼히 살펴봅니다. 그 외에도 상품판매와 픽업 서비스, 애견호텔 등의 서비스를 제공하고 있는지도 조사합니다. 타 매장에 없는 서비스를 제공하면 차별화가 되기 때문입니다.

● 판촉 정보

홈페이지를 비롯해 간판과 지역신문에 광고를 게재하는 등 지역 내에서 어떤 광고·선전활동을 하는지 확인합니다. 특히 홈페이지는 그 중요성이 점점 높아지고 있습니다. 검색엔진에 대한 키워드 대책과 리스팅 광고(상품 상단 노출)의 실시 여부, 홈페이지 작성방법, 업데이트 정보 등을 확인해둡니다.

그림1 경쟁업소 조사 시의 체크 포인트

매장정보	메뉴정보	판촉정보	매장의 특징
☐ 매장 규모 ☐ 직원 수 ☐ 영업 시간 ☐ 정기 휴일 ☐ 트리밍 테이블의 수 등	☐ 견종별 요금체계 ☐ 옵션 메뉴 ☐ 상품판매 여부 ☐ 픽업, 애견호텔 서비스의 제공 여부 ☐ 기타 서비스 등	☐ 홈페이지 운영 여부 ☐ 간판 설치 여부 ☐ 전단지 배포 여부 ☐ 지역신문 광고 게재 여부 ☐ 매장 내 판촉 활동 등	☐ 기술 중시 ☐ 가격 중시 ☐ 매장의 분위기 ☐ 외관 ☐ 평판 ☐ 고객이 얼마나 오는 지 등

● 매장의 특징

기술 중시형인지, 가격 중시형인지, 또 매장의 분위기는 어떤지, 경쟁업소의 특징을 메모하십시오. 그리고 이후 설명하는 공원조사 등을 통해 얻은 '고객의 생생한 의견'과 대조해보면 그 특징을 복합적으로 파악할 수 있습니다.

공원조사를 해보자

'공원조사'라는 말은 아마도 생소할 것입니다. 이는 실제로 개를 키우는 사람들에게 설문조사와 인터뷰를 하는 조사

공원조사에서 질문하는 내용의 예
- 단골 애견미용실은?
- 어떤 점이 마음에 드는지?
- 근처 애견미용실의 평판은?
- 주로 다니는 산책코스는?

방식을 말합니다. 근처에 공원이 있다면 직접 찾아가 산책 중인 견주들에게 이야기를 들어봅니다.

경쟁사 조사와는 달리 실제로 고객이 될 가능성이 있는 사람들이므로 구체적이고 생생한 의견을 들을 수 있습니다. 간혹 대답을 꺼리는 분도 있지만 성의껏 답해주는 분도 있습니다. 어쩌면 개업 후에 고객이 될 수도 있으니 최대한 예의를 갖추도록 합니다.

다음은 공원조사에서 질문하는 내용의 일례를 소개합니다. 만약 물어보고 싶은 사항이 있으면 내용을 추가하면 됩니다.

설문조사 결과를 정리하다 보면, 내가 느낀 경쟁사의 이미지와 다른 의견도 나올 것입니다. 이 지역에서는 어떤 애견미용실이 인기가 있는지, 각 매장에 대한 평판 등도 참고하도록 합니다.

또한 질문 항목에 '주민들이 주로 가는 산책코스는?'을 넣어두는 것도 추천합니다. 혹시나 메인 산책코스로 향하는 길목에 오픈 할 수 있다면 우리 매장을 쉽게 알릴 수 있습니다. 매장을 낼 만한 장소가 없다 해도 간판을 설치하거나 전단지를 배포하는 등 중점적인 판촉 활동 장소로 활용할 수 있습니다.

이런 생생한 의견에 기반을 둔 정보는 인터넷이나 어떤 매체에도 나와 있지 않습니다. 직접 발로 뛰어 얻은 정보는 매우 가치가 있으니 용기를 내어 나서 보십시오.

개업 준비 편

매장의 컨셉트 결정

본문에서는 컨셉트란 여러분이 매장에 어떤 의도와 목적을 담을 것인가를 의미합니다. 매장의 컨셉트란 컨셉트를 구축하는 방법과 그 결정 방법에 대해 소개합니다.

매장의 근간을 이루는 컨셉트

지역의 특성과 경쟁업소의 조사 결과를 토대로 나의 매장 컨셉트를 확실히 정합니다. 매장 컨셉트란 '높은 기술력을 내세운 애견미용실', '한 차원 높은 서비스를 제공하는 애견미용실', '산책 도중에 부담 없이 들를 수 있는 애견미용실' 등 매장의 근간이 되는 철학과 이미지를 말합니다.

이것이 분명해지면 매장의 외관, 인테리어, 제공할 서비스, 취급상품 등의 이미지를 구체적으로 정할 수 있고, 통일감을 줄 수 있습니다. 반대로 컨셉트가 정해지지 않으면 매장 전체가 통일감이 없이 겉도는 느낌이 듭니다. 경쟁업소와 차별화를 도모할 때도 중요한 포인트가 되므로 신중하게 고려하십시오.

매장 컨셉트가 분명해지면 이 컨셉트에 공감할 만한 고객을 타깃으로 삼아 집객(集客, 고객을 모으는) 활동을 하게 됩니다. 우리 매장의 컨셉트가 마음에 들어 방문한 고객은 단골 고객이 될 가능성이 높고, 다른 고객에게 우리 매장을 소개해줄 수도 있습니다.

그림1 나의 생각을 글로 표현해보자

《질문》	《나의 생각》	《구체적인 예》
(1) 누구에게	(예) 다른 애견미용실은 뭔가 부족하다고 느끼는 견주에게	• 최신 커트 스타일을 제공한다 • 다른 곳에 없는 상품을 제공한다 등
(2) 무엇을	(예) 한 차원 높은 서비스를	• 다양한 옵션 메뉴 • 정성스러운 접객, 서비스 등
(3) 어떻게 제공할 것인가	(예) 부담 없이 다닐 수 있도록 제공한다	• 경쟁업소와 비슷한 가격 수준 • 들어오기 쉬운 매장 조성 등

컨셉트의 구축방법

매장의 컨셉트는 ① 오너인 나의 생각, ② 매장을 오픈하는 지역의 특성, ③ 경쟁업소의 상황, 이 세 가지 요인에 의해 결정됩니다.

나만의 가게를 낼 생각을 갖고 있다면, '이런 가게를 만들고 싶다'는 이미지가 있을 것입니다. 오픈하는 지역의 특성과 경쟁 상황에 따라서 생각하는 이미지가 그대로 수용되지 않을 수도 있지만 우선 그림1을 참고하여 나의 생각을 글로 표현하는 일부터 시작해봅시다.

이처럼 매장 컨셉트를 결정할 때에는 '누구에게', '무엇을', '어떻게 제공할 것인가'라는 질문에 대답하는 형식으로 표현할 수 있습니다.

이 세 가지 질문에 대한 대답을 연결해가다 보면 자연스럽게 매장의 컨셉트가 구체화됩니다. 글로 표현한 후에는 무엇을 할 수 있는가, 무엇을 하고 싶은가를 구체적으로 덧붙여 나갑니다.

그와 동시에 시장조사와 경쟁업소를 조사한 결과도 참고합니다. 예를 들어 오픈 후보지가 가격 중시형 매장이 많은 지역이라면, '한 차원 높은 서비스'라는 컨셉트는 수용되기 어려울 수도 있습니다. 또한 경쟁업소가 비슷한 컨셉트로 운영하고 있다면 차별화를 도모하기 어렵습니다.

이처럼 나의 생각과 지역 특성, 경쟁업소의 상황 등을 잘 고려하면서 컨셉트를 구축해 나갑니다. 처음에 말했듯이 컨셉트란 그 매장의 근간이 되는 중요한 개념으로 하루아침에 완성되는 것이 아닙니다. 조바심을 내지 말고 차근차근 신중하게 생각해봅시다.

매장 컨셉트를 결정할 때 오너인 당신의 생각, 오픈하는 지역의 특성, 경쟁업소의 상황 중 어느 요인을 가장 중시할 것인가를 고민하는 경우도 있을 것입니다. 생각하면 할수록 모든 것이 더 복잡해질 수도 있습니다.

매장 컨셉트는 오너인 당신의 생각이 담겨 있어야 합니다. 당신이 꿈꾸던 가게를 갖는 일이므로 지역 특성에 맞추는 데 급급해 원치 않는 매장을 만들면 동기부여가 되지 않습니다.

지역 특성이나 경쟁 상황과 동떨어진 컨셉트라면 안 되겠지만, 심사숙고해서 정한 결과라면 당신의 생각을 가장 우선시해야 합니다.

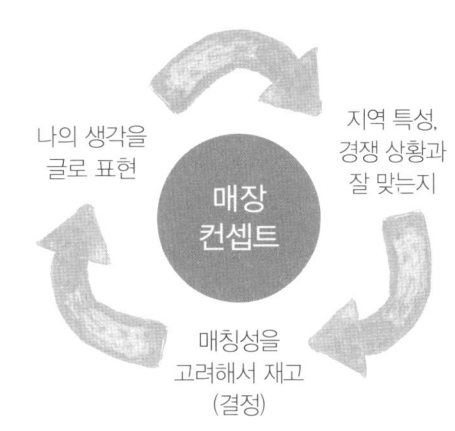

그림2 매장 컨셉트의 구체화

개업 준비 편

창업계획서의 작성방법

창업계획서란 사업자금의 차입신청서와 함께 제출하는 서류로 대출심사의 결정을 좌우하는 중요한 서류이니 부족함이 없도록 작성하십시오.

창업계획서를 준비하자

대출을 신청하기에 앞서 우선 준비해야 하는 것이 '창업계획서'입니다. 서류는 대출을 신청하는 금융기관에 따라 다를 수 있습니다. 그림1은 창업계획서 양식입니다.

창업계획서는 대출 담당자와 면담할 때 사용하며 제출한 후에는 내용 변경이 불가능하므로 사전에 기입내용을 면밀히 살펴보고 성의 있게 작성하는 것이 중요합니다. 서류 맨 위에는 '가능한 범위에서 기입하시오'라고 적혀있지만 반드시 모든 항목을 다 채우도록 합니다.

창업계획서의 각 항목

기입이 필요한 각 항목에 대해 순서대로 설명을 해 나갑니다.

① 창업 동기

겨우 네 줄 정도이지만 당신의 꿈과 생각을 확실하게 표현하는 것이 중요합니다. 쓰고 싶은 내용이 많은 경우에는 사업계획서 등 별지에 작성하거나 면담 시에 보충설명을 덧붙이도록 합니다.

② 사업 경험 등

개업하고자 하는 업종과 당신의 과거 이력과의 연관성을 기입하는 부분입니다. 대부분의 사람이 과거 애견미용실에서 근무한 경험이 있을 것이므로 자신 있게 정확히 기재합니다.

③ 취급상품 · 서비스

이 질문의 의도는 '창업에 앞서 구체적인 이미지를 갖고 계획을 세웠는지'를 알아보기 위해서입니다. 트리밍뿐 아니라 상품판매, 애완동물 판매, 애견호텔 등을 운영할 경우에는 각각의 예상 매출 비율도 기재합니다. 이는 어느 정도 현실적인 수치를 기재할 필요가 있으며 그 근거를 설명할 수 있도록 준비해두는 것이 중요합니다.

④ 세일즈 포인트

가장 성의 있게 작성해야 하는 부분으로 타 매장과 어떤 차이점이 있는지, 어떤 타깃을 위한 상품·서비스인지를 우리 매장을 영업한다는 생각으로 작성하는 것이 중요합니다. 이 세일즈 포인트를 작성하기에 앞서 메뉴와 옵션메뉴 등을 미리 결정해두면 보다 현실성 있는 내용으로 작성할 수 있습니다.

⑤ 거래처 · 거래조건 등

이 부분은 애견미용실의 경우 비교적 간단하게 작성할 수 있습니다.

판매처는 기본적으로 매장을 찾는 고객이라고 할 수 있습니다. 구매처 등은 거래하고자 하는 상품의 이미지를 먼저 생각해 두고 공급업자를 알아두면 더욱 현실적으로 작성할 수 있습니다.

⑥ 직원

이 항목에 대해서도 혼자 가게를 시작할 것인지, 직원을 몇 명 정도 채용할 것인지, 급여와 보너스는 어떻게 할 것인지 등을 미리 생각해 둘 필요가 있습니다.

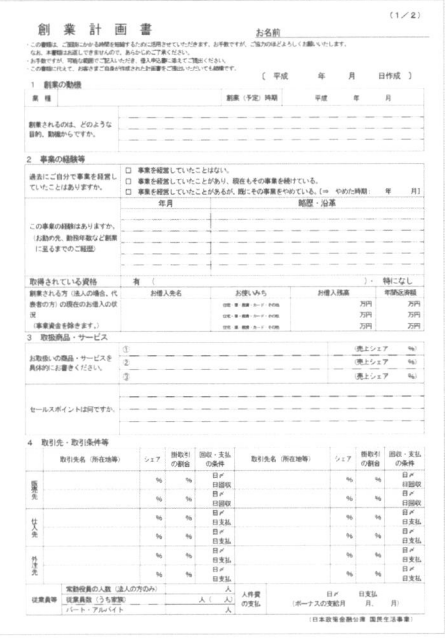

그림1 창업계획서(일본의 예)

일본정책금융공고의 홈페이지에서 다운로드 할 수 있습니다. 작성 예를 열람할 수도 있습니다.
www.jfc.go.jp/n/service/dl_kokumin.html

⑦ 필요한 자금과 그 조달방법

이 항목에는 차입신청서에 기재한 '설비자금', '경영자금', '합계액'과 같은 금액을 기입합니다. 다만 창업계획서의 경우 '그 내역'을 적을 필요가 있습니다. 설비자금으로서 내·외장에 들어간 비용, 기자재에 들어간 비용, 차량비용 등도 자세하게 기입합니다. 여기에 업자로부터 받은 견적서가 있으면 더욱 수월하게 작성할 수 있습니다. 자기자본과 차입금 등도 잊지 말고 기입하세요.

⑧ 사업의 전망

마지막 항목은 '매월 어느 정도의 이익을 낼 수 있는가?' 하는 항목입니다. 이 항목은 대출을 받을 수 있는지, 즉 대출 상환 가능 여부에 크게 영향을 미칩니다. 창업 초기에는 적자를 내더라도 '자리를 잡은 후'에는 확실하게 이익이 나는 체제를 마련해 두어야 합니다.

좀 더 준비를 하자

두 번째 페이지의 말미에는 '기타 참고가 될 만한 서류가 있으면 계획서에 첨부해서 제출하시오.'라고 적혀 있습니다. 이는 일반적으로 사업계획서와 수지계획서를 가리킵니다. 창업계획서는 그 프레임에 제한이 있으므로 아무래도 적고 싶은 내용을 다 담지 못하는 부분이 있습니다. 이런 경우에는 사업계획서에 보충사항으로서 정리합니다. 사업계획서라고 하면 거창한 듯 들리지만 실제로는 A4용지 한 장이어도 무방합니다. 사업계획서는 어디까지나 창업계획서를 보충하는 참고 자료이기 때문입니다.

사업계획서를 보다 알차게 작성하고 싶으면 '업계 동향', '오픈 지역의 특성', '경쟁 상황', '매장 컨셉' 등 앞서 설명한 '개업을 앞두고 조사한 내용'을 기재하면 됩니다. 또한 매출과 이익의 흐름에 대한 수지계획서는 보다 면밀하게 작성하는 것이 좋습니다. 수지계획에 관해서는 다음 페이지에서 해설합니다.

수지계획이란

개업 준비 편

창업계획서를 다 썼다면, 다음은 들어오고 나가는 돈에 대해 계획을 세웁니다.

나중 일을 어떻게 알지? 라고 어렵게 생각하지 말고 필요한 숫자를 하나씩 산출해봅니다.

수지계획서에 필요한 것

앞서 설명한 창업계획서 안에는 '⑧사업의 전망'이라는 항목이 있어 매장에 들어오고 나가는 돈의 흐름과 상황을 기재하는 란이 있습니다. 그러므로 돈의 흐름을 구체적으로 알 수 있는 수지계획을 확실하게 세워둔다면 보다 알찬 사업계획서를 작성할 수 있을 것입니다.

수지계획서를 작성하기에 앞서 알아두어야 할 점은 이 서류는 어디까지나 '대출을 받기 위해 숫자로 된 근거를 전달하는 서류'라는 점입니다. 왜냐하면 아직 오픈하지 않은 매장의 매출을 정확하게 산출해내

| 그림1 상환 계획

자금사용처

개업자금 (원)		자금조달 (원)	
부동산 비용		자기자본	
내·외장비		친척·지인 차입금	
설비 비용		금융기관 차입금	
경영자금·예비비			
합계		합계	

※ 부동산 비용은 중개수수료(1개월분), 보증금(3개월분)으로 산출(일본의 경우!)
※ 내·외장비는 견적 가격에 따름.

차입처	
차입금	원
상환기간	년
당초 상환이율	

상환 계획

년	원금 상환금	이자 상환금	상환합계	상환잔액
0				
1				
2				
3				
4				
5				
6				
7				
8				
9				
10				

그림2 신규고객 확보 계획

(인)

			1월	2월	3월	4월	5월	6월	7월	8월	9월	10월	11월	12월	연간합계
고객수		총 고객 수①+②													0
		신규고객 수①													0
신규고객수①	판촉①	오프닝 전단지													0
		포켓티슈 거리 배포													0
		성수기 전단지													0
	판촉②	홈페이지													0
	판촉③	소개카드													0
		포켓티슈													0
		에코백													0
	자연신규고객	지나가는 길에 방문													0
지속고객수②	판촉④	기존고객 DM 재발송													0
	자연지속고객	재방문 고객 수													0

판촉비용		1월	2월	3월	4월	5월	6월	7월	8월	9월	10월	11월	12월	연간합계
총비용															0
판촉 ①	오프닝 전단지													0
	포켓티슈 거리 배포													0
	성수기 전단지													0
판촉 ②	홈페이지													0
판촉 ③	소개카드													0
	포켓티슈													0
	에코백													0
판촉 ④	기존고객 DM 재발송													0

는 것은 불가능하고, 산출에 얽매이다 보면 좀처럼 계획서를 완성하지 못하기 때문입니다. 그러므로 우선은 기입하는 숫자에 대한 '나름의 근거'를 제시하는 것이 중요합니다.

수지계획서는 정해진 양식이 없습니다. 여기에서는 대표적인 예를 활용하여 소개하겠습니다. 수지계획서는 ①상환 계획, ②신규고객 확보 계획, ③인원 계획, ④손익 계획의 네 가지를 준비합니다.

① 상환 계획

그림1은 상환 계획의 일례입니다. 돈을 얼마나 빌려서 어디에 사용할 것인지, 언제까지 상환할 것인지 생각해봅니다. 차입액은 개업에 필요한 '부동산 비용', '내·외장 비용', '설비비용' 등으로 우선은 각 업자에게 견적을 받아보고 정하는 것이 좋습니다. 그 다음은 상품매입 등에 필요한 비용과 홈페이지 제작 비용, 오프닝 전단지 제작 등에 들어갈 비용을 생각

합니다.

이 비용들 역시 제작업체로부터 견적을 받아보는 것이 좋습니다. 그 합계 금액에 하루 매장 운영에 필요한 금액(매입과 소모품에 들어가는 자금 등)을 더하여 경영자금 명목으로 계산합니다. 그 합계를 계산하여 필요한 개업자금을 산출합니다.

그다음은 자기자본과 친척이나 지인에게 빌려서 마련할 수 있는 금액을 산출합니다. 개업자금에서 이들 금액을 차감한 금액이 금융기관으로부터 빌리는 금액이 됩니다. 마지막으로 차입하는 금융기관의 이율, 상환 기간도 설정해둡니다.

② 신규고객 확보 계획

다음은 매출을 정하는 고객 확보 방안에 대해 생각해봅니다. p43 그림2는 신규고객 확보 계획의 일례입니다. 여기서는 '어떠한 판촉으로 몇 명의 신규고객을 모을 것인지', '신규고객의 몇 %가 계속해서 우리 매장을 찾을 것인지'를 계산합니다.

'어떤 판촉 활동을 하면 몇 명의 신규고객이 올 것인가?'에 대한 답은 어디에도 없습니다. 물론 무모한 계획은 피해야겠지만 여기에서 가장 중요한 것은 '어떤 활동으로 고객을 모으려고 하는가를 전달하는 것'입니다.

아무 근거 없이 '신규로 ○명의 사람이 옵니다'라는 설명보다는 '오프닝 전단지를 보고 온 사람이 ○명, 홈페이지를 보고 온 사람이 ○명, 소개로 온 사람이 ○명' 등 구체적으로 제시하는 것이 훨씬 설득력이 있습니다.

갑자기 '○명'이라는 고객 수가 나오기는 어렵지만, 예를 들어 오프닝 전단지의 장수와 전단지를 배포하는 시기 등은 어느 정도 연상하기 쉬울 것입니다. 여기에서 방문객 수를 예상해나가면 보다 현실적인 숫자가 나올 것입니다. 또한 고객 수를 예상하는 데 근거가 되는 판촉비용도 산출해야 합니다.

이 계획은 어디까지나 대출을 받는데 필요한 계획이므로 나름대로 근거를 전달하는 형식으로 작성합니다. 또한 현재 근무하는 매장에서의 실적을 덧붙이면 더 좋습니다.

③ 인원 계획

그림3은 인원 계획의 일례입니다. 왜 인원 계획이 필요한가 하면 인원은 수지계획을 작성하는데 필수적인 요소이기 때문입니다. 애견미용실이란 업태는 트리머 한 명이 하루에 다룰 수 있는 마릿수가 한정되어 있습니다. 그래서 계획상의 매출과 그 근거가 되는 고객 수를 고려할 때, 현실적으로 너무 적은 인원수를 기재하면 의심을 사게 됩니다.

예를 들어 한 달에 300마리가 찾는 애견미용실에 직원이 단 한 명밖에 없다는 것은 현실적으로 있을 수 없는 일이죠! 인원 계획은 앞서 말한 신규고객 확보 계획과도 연동되므로 그에 알맞은 숫자를 제시하도록 합니다.

또한 인건비는 경비 중에서 가장 큰 비중을 차지하므로 인원 계획은 매우 중요하다고 할 수 있습니다.

어느 정도의 시기에 몇 명의 직원을 채용할 것인가와 같은 인원계획과 함께 급여(인건비) 설정도 고려해야 합니다. 신입과 경력자는 급여에도 차이가 있으므로 실제 급여 수준에 맞추어 설정해 두면 좋습니다.

숫자 맞추기에 급급해 급여를 낮게 설정하면 나만 생각하는 이기적인 경영자란 인상을 줄 수 있습니다. 미리 업계 시세를 알아보거나 이전 직장의 급여 등을 참고해서 신중하게 계획을 세우도록 합니다.

④ 수지 계획

상환 계획, 신규고객 확보 계획, 인원 계획이 어느 정도 준비되었다면 마지막은 수지 계획을 세울 차례입니다. p46~47의 그림4는 수지 계획의 일례입니다. 수지 계획은 'A : 매출', 'B : 매출 원가', 'C : 매출 총이익', 'D : 판매비·일반관리비', 'E : 영업 이익'의 다섯 가지 요소로 이루어져 있습니다. 하나씩 자세히 알아보겠습니다.

A : 매출

매출은 '고객 단가' × '고객 수'로 산출합니다. 고객 수에는 ② 신규고객 확보 계획에서 설정한 고객 수를 적습니다. 고객 단가는 매장에서 취급할 예정인 메뉴로 평균적인 금액을 적습니다.

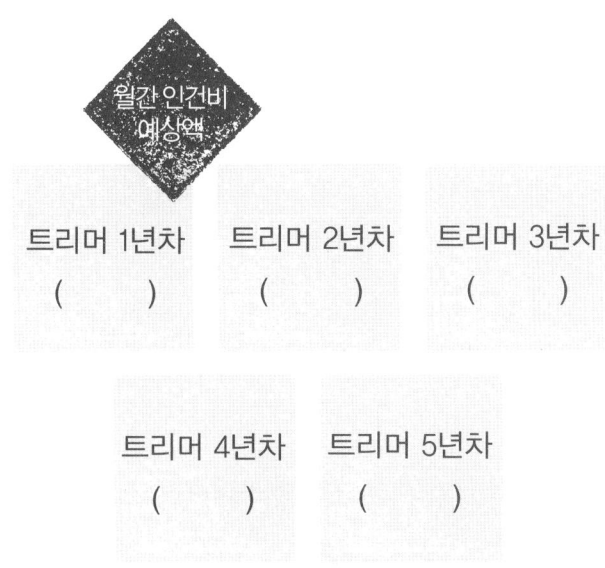

그림3 인원 계획

	1년차	2년차	3년차	4년차	5년차
경영자					
트리머①					
트리머②					
트리머③					
연간 인건비 합계					

월간 인건비 예상액

트리머 1년차 (   )   트리머 2년차 (   )   트리머 3년차 (   )

트리머 4년차 (   )   트리머 5년차 (   )

B : 매출 원가

원가율은 매장에서 취급하는 상품에 따라 달라집니다. 예를 들어 메뉴로 제공하는 샴푸는 원가율이 낮지만, 상품으로 판매할 때는 원가율이 높아집니다. 그러므로 매장에서 취급하는 메뉴와 판매하는 상품을 고려하여 대략적인 원가율을 산출하도록 합니다.

C : 매출 총이익

매출 총이익은 'A:매출'에서 'B:매출 원가'를 차감하여 산출할 수 있습니다.

D : 판매비·일반 관리비

② 신규고객 확보 계획에서 산출한 판촉비용과 광고·선전비용, ③ 인원 계획에서 산출한 인건비, 매장 임대료와 수도·광열비 등을 기입합니다. 기타 항목은 대략적으로 기재하면 됩니다.

E : 영업 이익

마지막으로 영업 이익입니다. 이는 'C:매출 총이익'에서 'D:판매비·일반관리비'를 차감하여 산출할 수 있습니다. 개인사업인 경우에는 일반적으로 이익으로 잡히는 부분입니다.

그림4 수지계획서

(단위 : 만 원)	〈항목〉	1월	2월	3월	4월	5월	
A : 매출	평균 단가 ①						
	누적 고객 수 ②						
	매출 합계 ③ (=①×②)	0	0	0	0	0	
B : 매출 원가	매출 원가 ④	0	0	0	0	0	
C : 매출 총이익	매출 총이익 ⑤ (=③-④)	0	0	0	0	0	
D : 판매비·일반관리비	인건비						
	법정 복리비						
	여비·교통비						
	광고선전비						
	건물 임대료						
	통신비						
	사무 소모품비						
	이자 비용						
	수도광열비						
	보험료						
	잡비						
	판매비·일반관리비 합계 ⑥	0	0	0	0	0	
E : 영업 이익	영업 이익 ⑦ (=⑤-⑥)						

p41의 창업계획서에는 '경영이 자리를 잡은 후'의 수입과 지출을 적는 부분이 있습니다. 개업을 하고 바로 흑자를 내기는 어렵지만, 조기에 흑자를 낼 수 있도록 수지 계획을 세울 수 있다면 대출 심사 시에 신뢰감을 줄 수 있습니다.

이와 같이 수지 계획은 숫자와의 싸움입니다. 처음에는 익숙지 않아서 막막할 수도 있지만 실제로 직접 작성해 나가다 보면 경영자로서 무엇을 생각하면 좋을지 서서히 알게 됩니다.

매장을 오픈 한 후에는 매출과 경비 등을 매달 관리해야 합니다. 새로운 설비를 도입하기 위해 다시 금융기관으로부터 대출을 받을 수도 있습니다. 힘들게 내 가게를 내는 만큼 숫자관리도 신경 써서 내가 원하는 매장을 오랫동안 유지할 수 있도록 하면 좋겠죠. 수지계획서 작성은 경영자로서 내딛는 첫 걸음이라고 생각하십시오.

	1년차								2년차	3년차
	6월	7월	8월	9월	10월	11월	12월	연간합계		
	0	0	0	0	0	0	0	0	0	0
	0	0	0	0	0	0	0	0	0	0
	0	0	0	0	0	0	0	0	0	0
	0	0	0	0	0	0	0	0	0	0

개업 준비 편

임대물건 선정의 포인트

내가 갖고 있는 이미지, 고객의 접근성 등을 고려하여 선정합니다. 매장을 오픈하려는 지역이 결정되면 임대물건을 물색합니다.

원하는 조건을 분명하게

앞서 정한 매장 컨셉트를 실현하기 위해서는 우선 오픈할 자리를 물색해야 합니다. 필요한 조건과 기준을 분명히 정해두면 찾을 때 매우 편리합니다. 체크 시트(그림1)를 참고해보세요.

오픈 시에는 '용도지역'의 규제를 받는 경우가 있습니다. 사전에 오픈 지역이 속한 지자체에서 이를 확인하거나 도시개발계획도를 체크해 보십시오.

부동산 업자 선정 방법

원하는 임대물건의 조건이 구체적으로 정해지면 다음은 부동산 업자를 선정해야 합니다. 부동산 업자는 어떻게 선택하면 좋을까요?

최근에는 인터넷으로 쉽게 임대물건 정보를 알아볼 수 있지만, 인터넷에 나온 정보는 누구나 볼 수 있기 때문에 좋은 물건은 이미 세입자가 정해져 있는 경우가 많습니다. 임대물건을 찾을 때는 반드시 후보지를 정하고 부동산을 돌아보십시오.

부동산은 '프랜차이즈 부동산'과 '지역 부동산' 두 종류가 있습니다. 프랜차이즈인 경우는 분위기가 밝고 부담 없이 들어가기 쉬워 이런 곳

그림1 물건 탐색을 위한 체크 시트

장소의 조건
- ☐ 교통수단
- ☐ 주변환경
- ☐ 경쟁업소의 위치와 거리
- ☐ 생활도로
- ☐ 인근 역과의 거리
- ☐ 기타

건축의 조건
- ☐ 건물의 구조
- ☐ 야간과 휴일의 출입
- ☐ 전화 회선 수
- ☐ 급수·급탕 설비
- ☐ 희망 평수
- ☐ 기타

매월 부담 예산
- ☐ 임대료
- ☐ 관리비
- ☐ 공익비
- ☐ 기타

계약 시 조건
- ☐ 보증금
- ☐ 부동산 사례금
- ☐ 권리금
- ☐ 기타

주차장 조건
- ☐ 매장에서의 거리
- ☐ 월정 요금
- ☐ 기타

만 찾는 분이 있는데, 예전부터 그 지역에서 영업을 해 온 지역 부동산을 통해서만 거래가 되는 물건도 있으니 반드시 양쪽 모두 돌아보기 바랍니다.

좋은 부동산 업자를 구분하는 포인트는 '자격증'입니다. 부동산업은 자격이 필요한 업종이므로 반드시 매장에 공인중개사 자격증이 있어야 합니다. 이 자격증이 걸려 있는지 반드시 확인합니다.

부동산 업자가 결정되면 희망하는 조건을 확실하게 전하는 것이 중요합니다. 그림1의 체크 시트를 토대로 희망하는 물건의 조건을 정리, 서면화해서 부동산 업자와 상의하는 것을 추천합니다.

간혹 부동산 업자에게 무시당했다는 이야기도 들리지만, 개업에 대한 당신의 열의가 전해진다면 생각지 못한 좋은 물건을 소개받을 수도 있습니다. 단 최종 결정은 직접 잘 살펴본 후에 내리도록 합니다. 모든 책임은 개업을 하는 당신에게 있습니다. 부동산 업자에게만 의존하면 좋은 물건을 찾기가 힘듭니다.

개업하기 두세 달 전에 부동산 업자에게 소개를 받아 5~6건가량만 보고 정하는 경우도 있는데 그러면 실패할 확률이 높습니다. 물건을 찾을 때는 확고한 소신을 가지고 시간을 투자하기 바랍니다.

'마음에 드는 물건'을 찾지 못했을 때는

열심히 찾아보지만 100% 만족할 만한 물건을 찾지 못하는 경우도 있습니다. 임대물건을 탐색하는 데는 타이밍도 중요하므로 제2 희망, 제3 희망의 물건도 염두에 두는 것이 좋습니다. 하지만 입지조건이 아주 나쁘지 않으면(예를 들어 주택가에서 멀거나, 주차장이 없거나, 찾기 어려운 곳) 조금만 지혜를 짜내면 건물의 단점을 커버할 수 있을 것입니다.

애견미용실은 어디까지나 서비스업이므로 서비스의 품질(트리밍 기술과 고객의 만족도)이 가장 중요하다는 점을 잊지 마십시오.

또한 내 가게를 머릿속에 그릴 때는 예상 비용을 초과하기 마련입니다. 그런 경우에는 사업계획서라는 원점으로 다시 돌아가 제한된 범위에서 무엇이 가능한지를 다시 검토해보도록 하십시오.

개업 준비 편

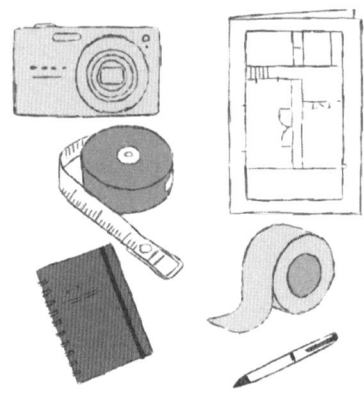

임대계약

임대물건의 후보지가 어느 정도 정해지면 반드시 직접 가본 후에 계약을 체결하십시오. 임대 계약 시에는 어떤 점에 주의해야 할까요?

꼼꼼하게 살펴보자

마음에 드는 임대물건이 있다면 가급적 직접 가보도록 합니다. 물건을 직접 보러 갈 때는 도면과 필기도구, 디지털카메라(휴대폰 카메라), 줄자, 마스킹 테이프 등을 챙겨가면 좋습니다. 현지에서 실제 넓이를 재서 도면에 적는 것을 권합니다. 또한 세부적인 부분까지 사진을 찍어 두십시오.

설비(애견욕조, 트리밍 테이블 등) 중 도입할 예정인 물품이 있을 때는 어떻게 배치할 것인지 마스킹 테이프를 사용해서 미리 완성 이미지를 예측해 볼 수 있습니다. 마스킹 테이프로 표시를 한 상태에서도 사진을 찍어 둡니다.

외관 사진은 간판 등을 제작할 때 필요합니다. 내가 고객이 되었다는 생각으로, 입구는 들어가기 편한지, 밖에서도 안쪽 모습이 잘 보이는지, 눈에 잘 띄는 구조인지도 함께 체크합니다.

또한 현재 비어 있는 경우에는 이전에 어떤 세입자가 살았는지도 확인하도록 합니다. 그 외에 확인해야 할 사항은 이웃 세입자, 같은 건물에 어떤 매장이 있는지, 오너는 어떤 사람인지 등입니다. 차후에 애견호텔 등을 병설할 경우 냄새와 소음문제가 발생할 수 있으므로 그에 대한 대책 마련은 물론이고, 얼마나 주변의 이해를 얻을 수 있는지도 장기적으로 영업을 하는데 매우 중요합니다.

'가계약'

마음에 드는 물건을 찾았다면 우선은 가계약을 맺습니다. 왜냐하면 임대물건은 정식계약을 한 시점부터 임대료가 발생하기 때문입니다. 임대료가 발생하면 그에 대한 불안감 때문에 준비를 서두르게 되어 나중에 후회할 일을 만들 수도 있습니다.

이런 일을 피하기 위해 어느 정도 계약금을 걸고 가계약을 맺는 방법

이 있습니다. 최근에는 가계약이 안 되는 물건도 있으니 부동산 업자와 상의하도록 합니다. 부동산 업자도 비즈니스이므로 계약할 의사가 있는지 여부에 따라 대응이 달라질 수 있습니다. 그러므로 무턱대고 확보해 두는 것이 아니라 정말 고민스러울 때만 가계약을 합니다. 가계약을 하면 그 날로부터 일주일 정도 시간을 벌 수 있습니다.

가계약을 할 때는 되도록 최소한의 금액으로 맺을 수 있도록 협상합니다. 혹시 망설여지거나 다른 물건이 눈에 들어온다면 이 물건을 포기할 수도 있다는 전제에서 움직여야 합니다.

본 계약(정식 계약)

물건에 대한 확신이 섰다면 본 계약을 진행합니다. 임대계약을 체결할 때에는 계약서에 기재되는 '임대 개시 시기와 임대료 개정 내용', '퇴거 시의 명도 조건', '내장공사에 관한 제한' 등에 주의할 필요가 있습니다.

임대계약을 맺는 시기와 개업 시기가 다르므로, 개업 시부터 임대료가 발생하는 조건으로 계약을 맺을 수 있으면 비용이 훨씬 절감됩니다. 일반적으로는 개업 전 내장공사 착공 시부터 임대료가 발생하는 경우가 많지만, 오래 비어 있던 물건이라면 협상이 가능할 수도 있습니다. 우선은 부동산 업자와 상의해 보도록 하십시오.

계약서에는 임대료 개정에 관한 내용이 기재되어 있을 것입니다. 임대료 개정조건이 어떻게 되어 있는지도 반드시 확인합니다. 임대인 측에 유리한 조건으로 정하는 것이 아니라, 임대인과 임차인 쌍방이 협의한 후에 개정하도록 만들어 두는 것이 중요합니다.

그리고 의외로 간과하기 쉬운 것이 퇴거 시의 명도 조건입니다. 이 조건은 계약 시에 정한 것이 마지막까지 유효하므로 꼼꼼하게 확인합니다. 계약조건에 따라서는 퇴거 시에 100% 원상복구를 해야 한다는 조건이 있을 수도 있습니다. 건물 본채에 관해서는 공사비 부담이 커질 우려가 있으므로 현 상태로 인도가 가능한지도 상의해봅니다.

그 외에도 물건에 따라서는 개조공사에 관해 규제가 있을 수 있으므로 잊지 말고 내용을 확인하십시오.

계약 시에 조금이라도 의문이 들거나 불안한 점이 있으면 반드시 질문을 합니다. 그런 질문에 성심성의껏 답변해주는 부동산 업자라면 문제 없지만, 어물쩍 넘어가거나 얼버무리면 임대계약 자체를 다시 생각해보는 것이 좋습니다.

개업 준비 편

자택에서 개업하는 경우

지금부터는 자택 개업과 임대 개업의 차이를 알아보겠습니다.

독자 중에는 자신의 집 일부를 개조해서 개업하려는 분도 많을 것입니다.

자택에서 개업하는 경우의 장·단점

애견미용실을 시작할 때 가게 자리를 빌리지 않고 자택을 이용해서 개업하는 경우도 있을 것입니다. 우선은 자택 개업의 장점과 단점을 살펴봅시다.(그림1)

● 장점
① 개업 준비의 수고를 덜 수 있다

자택에 매장을 여는 것이므로 임대물건을 찾아다닐 필요가 없습니다. 게다가 오래 살아 익숙한 동네이니 지역 특성도 어느 정도 파악된 상태일 것입니다. 임대 개업 시에 필요한 지역 특성에 대한 조사나 임대물건을 물색하는 등의 수고를 덜 수 있습니다.

② 적은 투자로 개업이 가능하다

자택 개업은 임대해서 개업할 때 드는 보증금과 임대료 등이 필요 없습니다. 그러므로 적은 투자로 매장을 오픈할 수 있는 만큼 설비투자에 대한 여력이 많아집니다.

③ 지역에 기반을 둔 운영이 가능해진다

그 지역에 오래 살았다면 인근 주민들도 많이 알고 있을 것입니다. 처음부터 어느 정도 고객을 확보한 상태에서 시작한다면 매우 든든할 것이고 입소문이나 소개를 받기도 쉬울 것입니다.

또한 처음부터 인근 점포와도 잘 협력해서 운영할 수 있습니다. 이렇게 처음부터 지역에 기반을 둔 운영이 가능하다는 점도 자택 개업의 이점이라 할 수 있습니다.

● 단점과 주의사항
① 자택의 용도지역에 주의

자택에서 개업하는 경우는 주택가인 경우가 많아 '용도지역(도시계획법에 의거해 규정된 지역 내 건물 용도에 일정한 제한을 두는 지역. 주거지역, 상업지역, 공업지역으로 분류된다)'에 따라 제한을 받을 수 있습니다.

주거지역에서는 매장으로 사용할 수 있는 업종이 제한되거나 사용 가능한 크기가 한정되는 등 지켜야 할 사항이 많습니다.

그 점을 모르고 개업 준비를 진행하게 되면 영업인가가 나지 않을 가능성도 있으므로 반드시 사전에 알아보고 '도시개발계획도'를 마련하여 개업 예정지가 어떤 지역인지 확인해봅니다.

또한 임대를 하는 경우에도 제한을 받을 수 있으므로 반드시 사전 확인이 필요합니다.

그림1 자택 개업과 임대 개업의 장·단점

	장점	단점
자택 개업	• 개업 준비에 수고가 덜 든다. • 소액 투자로 매장을 오픈 할 수 있다. • 지역에 기반한 운영이 가능하다.	• 자택의 용도지역에 주의해야 한다. • 인근 주민에 대한 배려가 필요하다. • 광고 선전비를 충분히 들여야 한다. • 확장을 위한 공간의 문제가 있다. • 이전이 어려운 경우도 있다.
임대 개업	• 개업 장소를 자유롭게 결정할 수 있다. • 미래 확장을 고려한 물건 선정이 가능하다. • 상업지역이면 통행인에게 매장의 존재를 알릴 수 있다. • 인근에 대형 건물이 있다면 수월하게 이전할 수 있다.	• 개업 준비에 시간이 걸린다. • 임대료 등 개업비용과 운영비용이 부담된다. • 시설의 노후나 건물주의 사정으로 이전·퇴거를 해야 할 가능성도 있다.

② 인근 주민에 대한 배려가 필요

가게를 시작하기 전에는 너그럽던 이웃도 실제로 영업을 시작하고 동물의 짖는 소리 등 소음이나 냄새 문제로 트러블이 생기는 경우가 있습니다.

특히 애견호텔을 염두에 두는 경우에는 주의가 필요합니다. 때로는 힘들게 쌓아온 인간관계가 무너지는 경우도 있으므로 사전에 충분히 설명합니다.

③ 광고선전비는 여유 있게 책정

주택가인 경우는 대부분 인근 주민들만 매장 앞을 오갈 가능성이 높으므로 매장을 알리는 홍보 활동에 돈을 투자할 필요가 있습니다. 장소에 따라서는 매장으로 발길을 유도하는 간판이나 홈페이지의 강화, 전단지 배포 등 매장의 존재를 알리는 광고 선전을 강화할 필요가 있습니다.

④ 확장을 위한 공간의 문제

자택에서 애견미용실을 운영하는 경우 처음에는 작은 공간에서 시작하는 경우가 많아 차후 인원을 늘리거나 상품을 진열할 공간을 확보하지 못해 문제가 생길 수도 있습니다.

개업 전에는 '아담하게 운영하고 싶다'고 생각하지만, 어느 정도 자리를 잡으면 '좀 더 공간이 필요하다', '상품을 좀 더 다양하게 진열하고 싶다'는 생각이 커집니다.

*

이렇게 보면 자택 개업의 큰 이점은 임대해서 개업하는 경우보다 투자비가 적게 든다는 점, 또 가게 자리를 물색하지 않아도 된다는 점입니다.

한편 개업 후에는 판촉비와 공간문제 등이 생길 수 있습니다. 차후에 확장을 고려한다면 자택 개업이라는 형태에는 한계가 있다는 점을 알아두십시오.

'미래 청사진'을 그려보자

어떻게 보면 임대 개업, 자택 개업 모두 일장일단이 있다는 것을 알 수 있습니다. 그래서 어느 쪽을 선택하면 좋을지 고민하는 분들도 많을 것입니다. 그럴 때는 '앞으로 가게를 어떻게 운영해 나갈 것인가'하는 나만의 '청사진'이 매우 중요합니다.

나 혼자 생활을 꾸려나갈 정도의 크기를 원한다면 자택 개업도 무난합니다. 하지만 다양한 서비스를 도입하고 직원을 여러 명 채용하고 싶다면 처음부터 임대 개업 쪽을 선택하는 것이 바람직합니다.

자택 개업의 경우 주변에 임대물건이 적은 경우가 많으므로 한번 오픈하면 이전이 어려울 수 있습니다. 초기 부담뿐 아니라 미래의 이미지를 신중하게 생각해 보고 결정하는 것이 현명합니다.

2
시동 걸기 편

사업계획을 세우고 개업할 물건이 결정되었다면,
다음은 '그 안에 들어갈 물품'을 생각해야 합니다.
불필요한 지출은 줄이고 오너의 개성을 보여줄 수 있는
공간 구성과 내·외장을 검토해봅시다.

시동 걸기 편

매장의 공간 구성과 레이아웃

매장의 어디에 무엇을 배치할 것인지는 운영하는 데 있어 매우 중요한 포인트입니다. 동선이 좋고 집객 효과를 높일 수 있는 구조를 잘 생각해보도록 합니다.

매장 안 배치를 결정할 때에는

우선 애견미용실에 필요한 대기실 공간을 생각해봅니다. 일반적으로는 ① 입구(외관·현관), ② 카운터 ③ 홀 ④ 대기실 공간 ⑤ 상품판매 공간 ⑥ 동물 전시 공간 ⑦ 화장실(고객용) ⑧ 트리밍 룸 ⑨ 샴푸 룸 ⑩ 애견호텔 공간 ⑪ 창고 ⑫ 스태프 룸 ⑬ 탈의실 ⑭ 화장실(직원용) 등을 들 수 있습니다. 애견미용실에서 음식을 제공하는 경우에는 별도로 키친 공간이 필요해집니다.(이 경우에는 별도로 [식품영업허가]가 필요합니다. 사전에 보건소에 알아보십시오..)

앞서 말한 공간은 매장의 컨셉트와 면적 등을 토대로 우선순위를 정하고 진행합니다. 밖에서 보았을 때 내부가 잘 보이는지, 사인(sign) 계획(간판, 기호 등의 계획), 매장 내 동선까지 고려하여 배치하는 것이 중요합니다. 다음 페이지 그림1의 기본적인 배치도를 참고하여 주요 공간의 포인트를 살펴봅시다.

① 입구(외관·현관)

매장의 형태에 따라 다르지만 컨셉트에 따라 디자인(매장 외관의 전체), 사인 계획, 사용 재료 등을 고려하게 됩니다. ②③④⑤⑥⑧과의 연관성에 따라 입구의 위치가 정해집니다.

도어 디자인도 큰 비중을 차지합니다. 자동문으로 할 경우에는 터치식으로 하는 것이 좋습니다. 광전 센서 등은 한동안 문이 열려 있으므로 동물이 도망칠 우려가 있습니다. 도어의 경우 안쪽으로 열리는 문을 설치해두면 탈주를 막을 수 있어 고객을 안심시킬 수 있습니다.

② 카운터

③의 한쪽에 배치하게 됩니다. 애완동물의 인수 및 인도와 상품판매 기능이 있는 경우도 포함하며 계산대의 기능을 하는 공간입니다. 매장 전체의 균형을 고려해서 그 면적을 결정합니다. 또한 전단지와 POP 광고(p21 그림 참고) 등을 위한 판촉용 게시판을 설치하는 곳도 염두에 두면 좋을 것입니다.

③ 홀
④ 대기실 공간
⑤ 상품판매 공간
⑥ 동물 전시 공간

③④⑤⑥을 한 공간에 구성하는 경우가 많습니다. 동물 전시 공간은 창가에 만들어 밖에서도 바라볼 수 있도록 합니다.

상품판매 공간은 벽 쪽에 마련하는 경우가 많은데, 아일랜드 형으로 배치하는 경우도 있습니다. 스포트라이트 등의 조명도 구매 욕구가 일

그림1 애견미용실의 배치계획도

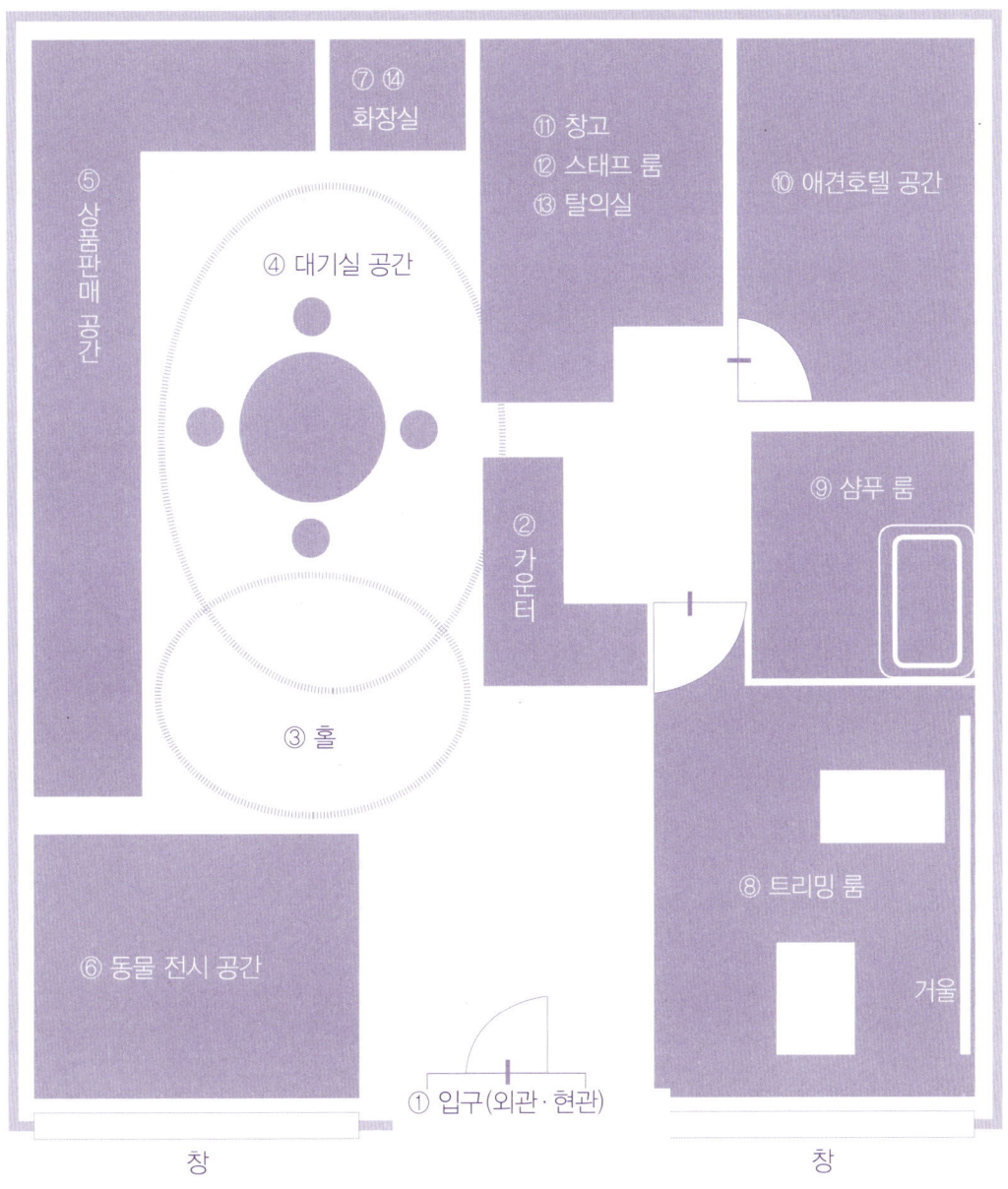

도록 신경 써서 배치합니다. 공간에 여유가 있다면 이를 감싸는 형태로 대기실을 만들고 테이블과 의자를 배치하면 좋습니다. 이들 공간에 빛이 어떤 식으로 드는지도 유심히 살펴야 합니다. 상품의 색이 바래거나 품질이 저하되지 않도록 유의합니다.

⑦ 화장실 (고객)

고객 대기시간이 긴 애견미용실에서는 고객용 화장실이 필요합니다. 여성 고객이 많이 찾는 것을 감안한 디자인, 기능을 고려하면 좋습니다. 또한 화장실과 세면실을 따로 마련하면 더욱 좋습니다. 경우에 따라서는 직원 화장실과 겸용해도 무방합니다.

⑧ 트리밍 룸
⑨ 샴푸 룸

이들을 한 공간에 마련하는 경우와 따로 마련하는 경우가 있습니다. 트리밍 룸은 바깥에서 볼 수 있도록 창가에 배치하는 경우가 많습니다. 또한 매장 안에서도 유리를 활용하면 매장을 어필할 수 있어 집객 효과를 높일 수 있습니다. 이를 위해서라도 트리머가 움직이기 편한 공간을 확보할 필요가 있습니다.

　벽면의 일부에 거울을 배치하는 경우도 있습니다. 공간이 넓어 보이기도 하고 커트 상태를 확인하는 데도 도움이 됩니다. 드라이어 설치방법에는 캐스터식, 천장식, 벽걸이식 등이 있는데 창에 닿지 않도록 주의해야 합니다.

　트리밍 공간과 샴푸 공간을 한 곳에 마련하는 경우 애견욕조(트리밍 싱크대)는 창에서 떨어진 곳에 배치하는 것이 좋고, 샴푸 룸도 창에서 떨어진 곳에 만드는 것이 좋습니다. 샴푸 공간은 습기가 많이 차므로 에어 컨디셔너의 환기에도 신경을 써야 합니다.

　출입문은 트리밍 룸 쪽으로 열리도록 하면 탈주 방지에 도움이 됩니다. 또한 문턱을 높이면 다량의 털이 여기저기 날리는 것을 막을 수 있습니다.

⑩ 애견호텔 공간

　②와 ⑧⑨와의 동선을 고려하는 동시에 짖는 소리 등의 소음 대책도 마련해야 합니다. 공간 자체를 매장 안쪽에 설치하고, 벽, 천장, 문 등은 방음이 잘 되는 것으로 하는 것이 좋습니다.

　또한 개들 간의 거리를 고려하여 케이지를 배치하고, 배설물 처리도 고려해야 합니다. 출입문은 호텔 안쪽으로 열리도록 하면 탈주방지에 도움이 됩니다.

⑪ 창고
⑫ 스태프 룸
⑬ 탈의실

　상품 재고(상품판매 공간에 설치하는 디스플레이 선반의 종류에 따라 약간의 재고 수납이 가능한 경우도 있습니다만)와 비품을 보관하기 위한 공간으로 재고 확인이 수월하도록 배치하면 좋습니다. 다만 공간이 부족할 경우에는 스태프 룸, 탈의실과 겸용하는 경우도 있습니다.

시동 걸기 편

트리밍 룸은 어떻게 꾸밀 것인가?

매일 오랜 시간을 머무르는 만큼 심사숙고해서 꾸며야 할 공간입니다. 매장의 공간 구성이 정해졌다면 이제는 가장 중요한 트리밍 룸 내부를 계획할 단계입니다.

트리밍 룸의 내부 배치

트리밍 룸의 기능은 주로 샴푸(트리밍 싱크대, 애견욕조)와 트리밍(트리밍 테이블, 드라이어)입니다. 애완동물의 보관(케이지) 기능도 필요하지만, 애견호텔을 만드는 경우는 그곳을 사용하는 때도 있습니다.

샴푸와 트리밍을 한 공간에서 할 것인지 따로 나눌 것인지는 매장의 면적과 기능과의 균형을 고려해서 판단하는데, 되도록 샴푸 공간은 따로 마련하는 것이 좋습니다. 한 공간에 마련하면 수증기 등의 습기로 방 전체가 지저분해지거나 에어컨의 효율이 떨어지는 등 기기류의 고장이 잦아지기 때문입니다.

또한 애견미용실의 핵심이며 고객의 주목도가 높은 트리밍 기능과는 하나로 묶지 않는 것이 현명합니다. 부득이하게 한 공간에 마련하는 경우에는 고객의 눈길이 잘 미치지 않는 안쪽에 마련해 오염되는 범위를 최소화하고, 트리밍 테이블, 드라이어, 케이지 등의 배치에 주의하도록 합니다. 또한 타월, 비품, 미용 자재 등을 보관하려면 기능적인 수납(문이 달린 타입)공간이 필요합니다. 수납공간 외에 출입문 등에도 털이 다른 공간으로 날리지 않도록 여러모로 대책을 세워봅시다.

드라이어는 스탠드식, 천장식, 벽걸이식이 있는데 그 작동범위를 확인하여 창이나 벽면과 충돌하지 않도록 배치합니다. 간과하기 쉬운 것이 냄새와 소음, 털에 의한 배수관 막힘 등에 대한 대책입니다. 인근 주민과의 트러블은 매장의 평판에도 영향을 미치고, 또 개업한 후에는 고치기 힘든 항목이니 충분히 고려하십시오.

바닥, 벽, 천장의 마감 포인트

● 샴푸 룸

바닥 : 물을 사용하므로 방수처리를 해야 합니다. 건식과 습식, 두 가지 공법이 있습니다. '습식'은 바닥이 물에 젖는 것을 전제로 한 공법으로 방수 타일, FRP 방수(논 슬립) 처리 등이 있는데, 이 경우에는 바닥에 배수 홈과 배수 트랩이 필요하므로 이때 털 막힘과 냄새 대책을 세워야 합니다. 또한 타일 틈새에 냄새가 배는 문제도 있으므로 자주 청소를 해야 합니다.

한편 '건식'은 닦아내는 것을 전제로 한 공법으로 긴 염화비닐 시트를 사용하는데, 이음매를 용접하여 시공하므로 용접공법이 가능한 재료를 선정합니다. 샴푸는 싱크대 안에서 하기 때문에 밖으로 튄 물기를 닦아내면 되는 방식입니다. 다수의 동물을 다루는 요즘은 '건식'을 많이 채택하고 있는 점으로 보아 이 공법이 더 청결하다고 생각해도 좋습니다.

벽 : 비누 거품이나 젖은 털 등이 튀기 때문에 내수성과 충격에 강하고 물기를 쉽게 닦아낼 수 있는 자재를 사용합니다. 이른바 키친 패널(kitchen panel)처럼 이음매가 적은 대형 패널을 사용하면 좋습니다.

이런 패널은 조금만 보완하면 비품을 수납하는 선반을 짜 넣을 수 있으므로 기능성이 향상됩니다. 벽지는 습기 때문에 잘 떨어지고 충격 등에 약하므로 추천하지 않습니다. 타일 역시 물기를 닦아낼 수 있지만, 틈새에 끼는 곰팡이에 대한 대책이 필요하므로 다시 한번 생각할 필요가 있습니다.

천장 : 습기가 많은 공간의 천장은 들뜨거나 벗겨지기 쉬우므로 벽지는 절대 사용하지 않도록 합니다. 일반 욕실의 천장을 떠올리면 됩니다. 물을 많이 쓰는 공간에 사용하는 자재를 선택합니다. 이런 자재는 뒷면에 단열 처리가 되어 있어 습기로 인해 발생하는 김 서림 방지에도 도움이 됩니다.

● 트리밍 룸

바닥 : 트리밍 룸은 애견미용실의 가장 핵심이며 주목도가 높은 공간으로, 장시간 서서 일을 해야 하는 부담을 줄이기 위해 쿠션감이 높은 CF 시트(쿠션 플로어)라는 자재를 선택합니다. 또한 기능성까지 고려해서 벽과 바닥의 경계선에 털이 남지 않도록 시공할 때 신경을 씁니다.

벽 : 일반적으로 벽지를 바르는 경우가 많은데, 그때는 닦아내기 쉽고 충격에도 강한 것을 선택합니다. 한쪽 벽을 거울로 만들면 트리밍 시에도 도움이 되고 공간이 넓어 보이는 효과도 있습니다. 벽걸이식 드라이어를 설치하는 경우에는 설치를 위한 기초 보강을 잊지 마세요.

천장 : 벽지를 바르는 경우도 있지만 되도록 소리를 흡수하는 기능이 있는 자재를 선택하는 것이 좋습니다. 또한 천장에 드라이어를 설치하는 경우에는 시공을 위한 기초 보강도 잊지 마세요.

거울은 트리밍의 완성상태를 체크하는데 필요할 뿐 아니라, 방이 넓어 보이는 효과도 있습니다.

커다란 통유리창은 고객에게 편안하고 청결한 느낌을 줍니다. '보여주는 트리밍'을 염두에 두십시오.

콘센트는 바닥에서부터 30~50cm 높이에 여러 개 설치하면 편리합니다.

케이지는 되도록 깊은 것을 고르세요. 동물들도 편안하고 고객들도 안심합니다.

설비계획의 포인트

● 샴푸 룸

급수·급탕 : 샤워기를 사용하기 때문에 수압이 중요합니다. 수압은 물론이고 급탕기의 성능에도 영향을 받으므로 사전에 잘 확인해야 합니다.

배수 : 싱크대에서 흘러나가는 것은 주로 거품이므로 배수관이 굵을수록 좋지만 설치되어 있는 곳이 매우 드뭅니다. 이럴 때는 싱크대와 배수구 트랩에 거름망을 씌우도록 합니다.

에어컨디셔너·환기 : 실내는 털이 많이 날리므로 에어컨디셔너와 환기 팬이 막히는 경우가 많습니다. 기기 성능에만 의존하지 말고 자주 청소를 해줘야 합니다. 또한 공기 유출입이 가능한 급기장치도 설치해야 합니다.

조명기구·콘센트 : 습기가 많으므로 누전에 대비해야 합니다. 특히 싱크대 주변에는 방수성이 높은 조명기구와 콘센트(바닥에서의 높이에 주의)를 설치합니다. 또한 작업하는 손이 잘 보이도록 조명도 신경 써야 합니다.

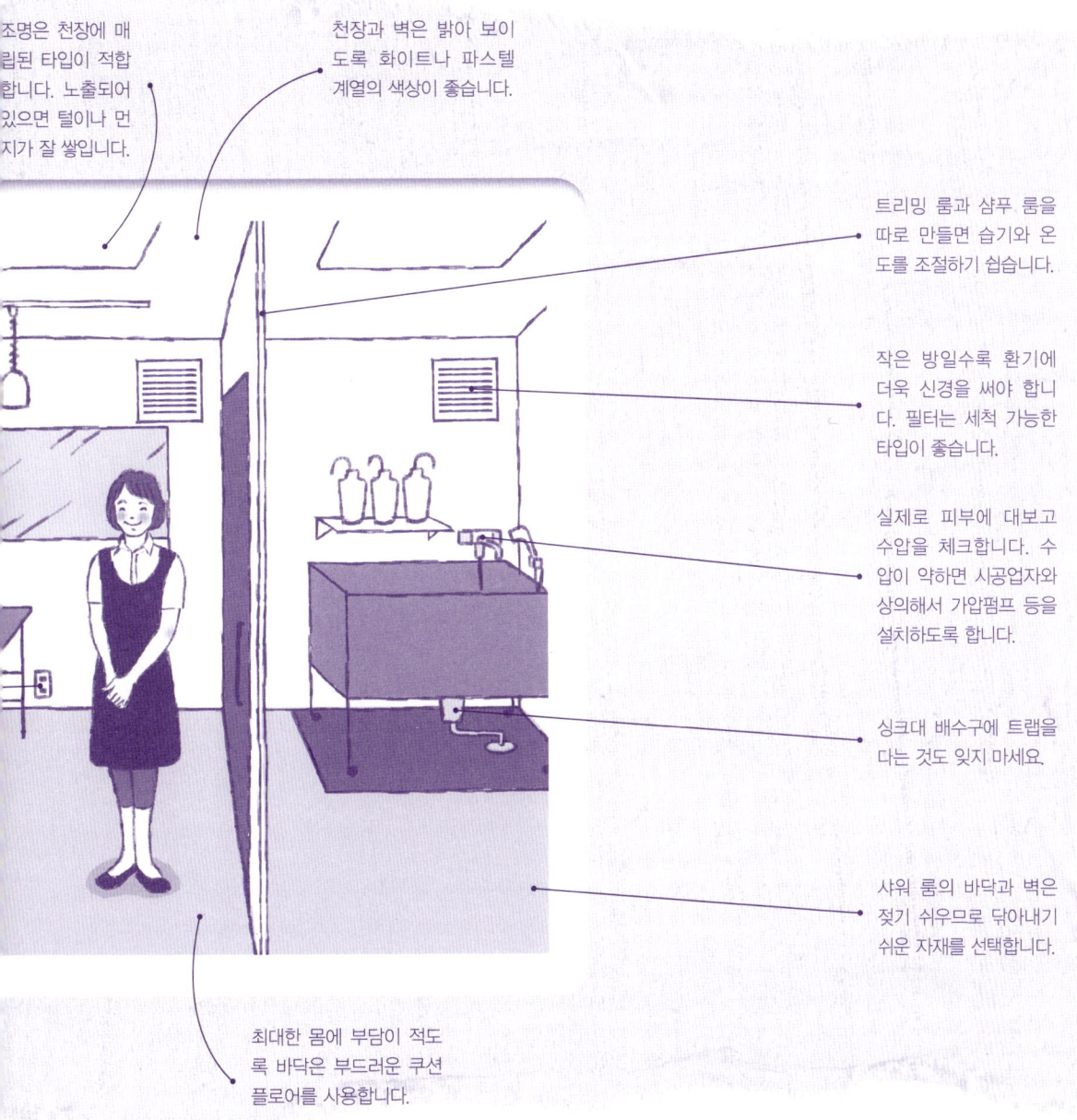

- **트리밍 룸**

  에어컨디셔너 · 환기 : 샴푸 룸과 마찬가지로 털 때문에 에어컨디셔너와 환기 팬이 잘 막히는 공간이므로 자주 청소를 합니다. 기기를 다른 방에 설치하여 털 막힘을 방지하는 방법도 있지만, 온도·습도 관리에 비용이 많이 들기 때문에 신중하게 검토해야 합니다. 또한 드라이어를 사용하므로 성능이 좋은 에어컨디셔너가 좋습니다. 물론 환기 장치도 있어야 합니다.

  조명기구 · 콘센트 : 드라이어를 사용하므로 전기용량을 고려해서 그 부분만 차단기를 단독으로 설치하는 것이 좋습니다. 또한 벽면 콘센트(바닥에서의 높이에 주의)는 작업에 지장을 줄 수 있으므로 천장에서 내려오는 릴 콘센트 등을 고려해보는 것도 좋을 것 같습니다. 조명은 천장에 매립된 타입이 좋습니다.

시동 걸기 편

내·외장 공사의 포인트

컨셉트에 맞는 애견미용실을 완성하기 위해 알아두어야 할 포인트를 확인해 보도록 하겠습니다. 매장의 공간 구성과 레이아웃이 결정되면 설계·시공 준비에 들어갑니다.

업체의 선정

명확한 컨셉트에 기반하여 애견미용실을 만들려면 매장 구석구석까지 그 컨셉트가 잘 반영되어야 합니다. 그러기 위해서는 설계사무소 또는 시공업자를 잘 선정하여 발주하는 것이 중요합니다.

① 설계사무소에 의뢰하는 경우

설계사에게 매장 컨셉트를 잘 설명하고 거기에 맞게 설계하도록 의뢰합니다. 예산, 개업 희망 시기, 원하는 사항 등을 이야기하고 서로 제안과 의견을 주고받는 과정을 통해서 세부적인 사양까지 설계도에 반영하도록 합니다.

애견미용 또는 미용 관련 시설(애견미용실, 동물병원, 헤어 살롱 등)에 실적이 있는 설계사무소라면 보다 도움이 되는 아이디어를 제안해 줄 것입니다. 시공업체가 몇 군데 선정되면 요구사항, 설계도에 기반을 둔 견적서를 받는 것이 일반적입니다. 이 과정에서 비교·검토가 가능하므로 합리적인 금액을 기대할 수 있습니다.

시공업체가 결정되어 있는 경우에도 설계도에 기반하여 견적을 내므로 명확한 검토, 절충이 가능합니다. 또한 공사 중에도 이 설계도에 맞게 지어지고 있는지 확인해 볼 수 있습니다.

② 시공업자에게 의뢰하는 경우

시공업자에게 매장 컨셉트를 말했다고 해서 그 자리에서 바로 견적을 낼 수 있는 것은 아닙니다. 우선은 근거가 되는 설계도면을 제시해야 합니다. 시공업자가 설계사를 선정하고 미팅을 거치는 것이 중요합니다. 여러 업체에 견적을 의뢰하는 경우에는 견적 사양이 다른 경우가 많아 제대로 비교·검토가 어려우므로 주의가 필요합니다. 실적 등을 보고 몇몇 시공업자를 선정한 다음 면담을 통해 신뢰 관계를 쌓으면서 진행해 나가도록 합니다.

매장의 컨셉트를 명확히 전달하기 위해서는

컨셉트란 '개념, 관념, 생각'을 나타내는 말인데, 막상 말로 표현하려면 막막할 때가 있습니다. 설계사와 시공업자에게 내가 원하는 이미지를 전달하려면 책, 인터넷, 실제 시공 예 등 다양한 매체를 통해서 내가 원하는 이미지와 비슷한 사진 등을 수집해두면 도움이 됩니다.

매장의 외장(외관), 사인부터 내장(인테리어)에 이르기까지 관련 정보는 무궁무진합니다. 차곡차곡 수집해가다 보면 내 컨셉트에 맞는 이미지를 보다 명확하게 잡을 수 있습니다. 생각나는 것을 그때그때 메모해두는 것도 중요합니다.

이런 수집 자료를 시공업자에게 제공하고 대화가 오가다 보면 내가 원하는 컨셉트와 비슷한 완성도를 기대할 수 있습니다.

말하자면 우리가 요리를 만들기 위해 재료를 사는 과정이라 생각하면 됩니다. 음식의 맛을 어떻게 낼 것인지, 그릇에 어떻게 담아낼 것인지, 그 완성도는 만드는 이와의 의사소통에 달려 있습니다. 이해가 갈 때까지 미팅을 거듭해 비전을 공유하는 것이 중요합니다.

우선순위를 정해서 예산을 조정한다

정작 견적을 내다 보면 예산을 초과하는 경우가 많습니다. 처음에는 초과해도 어쩔 수 없다는 마음으로 일단은 내가 원하는 사항을 정확하게 전달합니다. 또한 공사에 쓸 수 있는 예산은 내역에 따라서 다르겠지만 같은 내용, 같은 사양의 공사여도 경제 상황이나 개업 장소에 따라 달라집니다. 이런 경우에는 고객의 입장이 되어 매출에 기여하는 항목부터 우선순위를 정하여 예산을 조정해 나갑니다. 의외로 나중에 시공을 해도 되는 항목들이 많습니다. 설계사무소나 시공업자의 눈치 보지 말고 적극적으로 의논합니다.

자택을 개조해서 개업하는 경우

어떻게 개조할 것인가?

자택을 개조해서 애견미용실로 만드는 경우에는 우선 법률적인 측면에서 확인해야 합니다. 건축법에는 도시계획법이 규정하는 용도지역에서의 건축물 제한이 있습니다.

① 개조
② 증축, 개축
③ 별동 신축

그 어떤 경우라도 법에 저촉되어서는 안 됩니다. 전문적인 지식이 필요한 부분이므로 설계사무소와 시공업자와 반드시 사전에 상담하십시오. 여기에서는 세 가지 패턴의 주요 포인트를 설명합니다.

① 개조 (자택의 일부를 애견미용실로 개조하는 경우)
주요 포인트는 물을 사용하는 공간, 콘센트 등의 전기용량(드라이어), 에어컨, 환기 팬, 급기장치, 내장, 외장(옥외광고판 포함) 등입니다. 기존에 설치한 인프라(수도, 배수, 가스, 전기 등)에 연결하여 이용하기 때문에 그 용량과 접속경로 등을 충분히 조사해서 진행하도록 합시다. 또한 다른 방으로 털이 날리는 것을 방지하는 방법도 고려해야 합니다. 도어의 구조와 환기 팬의 배치에도 신경 써야 하며, 이웃을 위해 냄새 대책, 소음 대책도 충분히 마련해야 합니다.

② 증축, 개축 (자택을 증축하여 일부를 애견미용실로 사용하는 경우)
증축을 하는 경우에는 증축하는 바닥 면적 등에 따라 건축허가신청서의 제출, 확인, 완료검사가 필요합니다. 특히 건폐율과 용적률 제한에 유의하고, 기존 건물과 일체형인 경우는 합법성 여부도 따져봐야 합니다. 또한 기존 건물의 구조적인 안전성이 요구되는 경우도 있기 때문에 내 집이라고 해서 마음대로 해도 되는 것은 아닙니다. 사전에 전문가와 상의하는 것이 좋습니다. 이런 사항들이 확인되면 나머지는 ①과 동일하게 진행하면 됩니다.

③ 별동 신축 (남는 땅에 애견미용실 건물을 짓는 경우)
별동을 신축하는 경우에는 그 바닥 면적 등에 따라 건축허가신청서의 제출, 확인, 완료검사가 필요합니다. 증축이나 개축과 마찬가지로 전문가와 사전에 상의할 필요가 있습니다. 조립식 건물과 컨테이너를 활용하는 경우도 고려해볼 수 있지만, 최근에는 합법적 절차가 필요한 경우도 있습니다. 또한 인프라 정비(수도, 배수, 가스, 전기 등) 시에 같은 부지 내의 여러 곳에 설치하지 못하는 경우도 있으므로 충분히 유의하십시오.

Himalaya CHEESE STICK
히말라야치즈스틱

FDA 미국 식품의약국 승인
FDA (Food and Drug Administration) 미국식품의약처의 엄격한 기준에 의해 순도, 강도, 안정성, 효능 등이 검증된 우수한 제품입니다.

100% NATURAL
100% 천연 재료
야크 우유, 라임 과즙만으로 만들며 방부제나 첨가물, 글루텐 프리입니다.

먹다 남은것도 전자레인지에 데우면 바삭바삭!

사이즈및 종류
- **P**owder 1pc × 70g
- **L**arge 1pc × 100g
- **N**ugget 8pc × 8.5g
- **S**mall 1pc × 30g
- **S**mall.2 3pc × 30g
- **M**medium 1pc × 70g

YAK CHEESE

 풍부한 영양
히말라야에 서식하는 야크의 밀크로 만들어 질 좋은 단백질이 풍부합니다.

 오래 즐기는 즐거움
다른 껌에 비해 오랫동안 먹을 수 있습니다.

 장기 보관 가능
장기보존 가능하며 끈적이지 않아 불순물이 들러붙지 않습니다!

 양치 효과
치석제거 효과가 있으므로 일석이조.

 안심할 수 있는 국내 자사 공장
모리스앤코(주) 국내 자사 공장에서 철저한 검품과 가공을 하고 있습니다.

 다이어트 효과
야크 치즈는 칼로리는 낮고 영양분은 풍부하여 다이어트 간식에 안성맞춤입니다.

 모리스앤코(주) 서울 서초구 강남대로 95길 66 TEL : 02-545-2690~1 FAX : 02-545-3564 E-mail : khsa-morris@hanmail.net
반려동물 전문쇼핑몰·전시장 : 충북 음성군 감곡면 행군이길 171-47 Website : www.petsalon.co.kr

3
오픈 준비 편

물건 선정 및 내장 공사와 같은 외형적인 준비와 병행하여
소프트웨어적인 준비도 함께 진행하도록 합니다.
매장에서 판매할 메뉴와 요금, 그리고
효율적인 업무를 위한 다양한 준비입니다.

오픈 준비 편

매장 운영에 필요한 용품을 갖추자

빠지는 것이 없도록 꼼꼼히 체크해서 고객을 맞이하도록 합니다.

카운터 주변의 매장 운영 용품은 취급에 익숙하지 않으면 놓치기 쉬운 부분입니다.

제작해야 할 사무용품 · 인쇄물

홍보물 디자인과 문서 작성, 인쇄 등을 할 때는 매장 오픈 한 달 전쯤부터 준비합니다.

● 고객관리카드

우리 매장의 컨셉트에 맞는 고객관리카드를 작성합니다. 자세한 사항은 p68를 참고하세요.

● 오픈 홍보 전단지

● 팸플릿 류

어느 정도 준비가 되면 오픈을 알리는 광고 만들기에 들어갑니다. 인쇄소에 발주하는 경우에는 납품이 늦지 않도록 여유 있게 준비합니다. 자세한 사항은 '고객을 불러들이는 광고와 전단지'(p80~)를 참고하세요.

● 명함

명함은 트리머 본인의 홍보뿐만이 아니라 매장을 홍보하는 아이템이기도 합니다. 로고와 영업시간, 뒷면에 약도 등을 넣어두면 좋습니다. 평소 고객에게 보이지 않는 고객관리카드와는 달리 적극적으로 어필해야 하는 특성상 전문가에게 의뢰하여 양질의 명함을 제작하는 것이 좋습니다.

● 명판

영수증 및 각종 서류에 사용할 기회가 많은 아이템입니다. 인터넷으로 주문 및 제작을 할 수 있습니다.

구입해야 할 자재 · 용품

오픈 한 달 전부터 여유 있게 준비합니다. 빠뜨리기 쉬운 부분이므로 체크리스트를 준비해서 꼼꼼히 준비하도록 합니다.

● 금전 등록기

매출관리의 필수품입니다. 소형 간이 금전등록기와 바코드 대응형 금전등록기 등 기능에 따라 가격도 다양합니다. 판매 상품이 많지 않은 매장이라면 일반적으로 40~50만 원 정도에 구입할 수 있습니다. 또 고객에게 거스름돈을 건넬 때 사용하는 트레이도 준비합니다.

- 전표 · 장부

- 쇼핑백

  여유가 있으면 매장의 로고나 상호가 들어간 것을 맞춤 제작합니다. 사이즈는 S, M, L 세 종류 정도 준비하는 것이 좋습니다.

- 가격 라벨

  명함 사이즈부터 엽서 크기까지 여러 종류를 구입합니다. 가격 라벨 홀더도 있으면 편리합니다.

있으면 편리한 비품

- 반려동물 관련 잡지와 서적

  커트 스타일 잡지를 비치해두면 고객이 메뉴를 주문할 때 참고가 됩니다. 간혹 고객이 사육 상담이나 애완동물 구매 관련 상담을 하러 오는 경우가 있으므로 카운터 부근에 전문 서적을 비치해두면 도움이 됩니다. 애완동물을 판매하는 경우에는 사육 관련 서적도 필요합니다. 매장에 대기실이 있으면 잡지 등을 비치해 두도록 합니다.

- 카트 · 발판 사다리

  접이식으로 한 대씩 있으면 편리합니다.

- 우산꽂이

  디자인이 좋은 것을 선택하면 디스플레이 효과도 낼 수 있습니다.

- 방범 거울

  일반적으로 트리밍 룸 안에 머무는 시간이 길어 좀처럼 매장 구석구석까지 눈길이 미치지 못합니다. 이를 보완하기 위하여 방범 거울을 설치합니다. 거울은 매장 내 동물들의 상태를 확인하는 데도 도움이 됩니다.

- 쇼핑 바구니

  상품을 판매하는 공간이 작으면 큰 바구니는 필요 없습니다. 디스플레이용으로 활용할 수 있는 스틸 재질의 작은 바구니를 준비해두면 좋습니다.

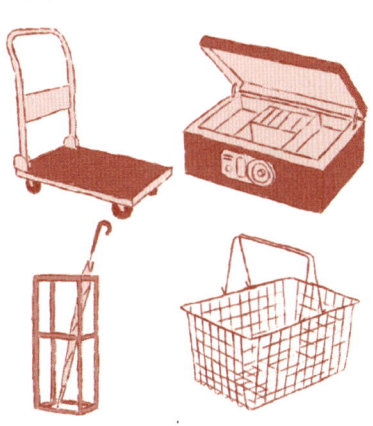

오픈 준비 편

고객관리카드는 기능적으로

고객 성향이 반영된 서비스 제공을 위해서라도 정보 분석에 도움이 되는 고객관리카드를 제작하도록 합니다.

고객과 그 반려견의 다양한 정보가 담긴 고객관리카드는 일상 업무에 반드시 필요한 도구입니다.

고객관리는 이중으로 관리

고객과 그 반려견의 정보는 아날로그 방식과 디지털 방식으로 관리합니다. 아날로그 방식으로만 관리하면 DM의 발송과 조건별 검색을 할 때 시간이 많이 걸립니다. 반대로 디지털 방식으로만 관리하면 반드시 노트북을 소지해야 하고 또 작업 시에는 메모가 어렵다는 단점이 있습니다. 그날그날 사용하는 정보는 수기로 적고, 나중에 데이터베이스를 만들어 검색과 DM에 활용하면 편리합니다.

고객관리카드에 기재해야 하는 항목

고객관리카드에서 가장 중요한 것은 카드의 사용 목적, 즉 '무엇을 위해 사용하는가'하는 점입니다. 단순한 메모 기능이라면 필요한 정보를 얻는데 시간이 많이 걸려 결국에는 사용하지 않게 됩니다. 그러므로 카드에는 필요한 항목을 만들어놓도록 합니다.

그림1은 고객관리카드의 일례입니다. 이 외에도 다양한 작성방법이 있으니 사용하기 편하도록 양식을 수정하는 것도 좋습니다.

① 고객 No.

고객 No.는 고객관리카드 검색과 데이터 검색을 위해 사용합니다. '가나다'순으로 만들어 두면 편리합니다.(그림1) 관리카드 역시 가나다순으로 보관해둡니다. 이렇게 해두면 예약전화가 왔을 때 바로 정보를 불러들일 수 있으므로 고객과 구체적인 대화를 나눌 수 있습니다. 나만의 특별한 정보를 제공받을 때 고객은 기뻐하며 나아가 신뢰감으로 이어집니다.

② 고객 성명
③ 주소
④ 전화번호

픽업 서비스와 DM 발송에 필요한 정보입니다. 주소를 적을 때는 우편번호도 반드시 기입하도록 합니다. 또한 수취인 불명으로 DM이 반송된 경우에는 고객에게 확인하고 변경된 정보를 '⑫ 고객 정보'에 기입해둡니다.

⑤ 고객의 메일주소

메일은 DM보다 저렴하게 안내문을 보낼 수 있고 비상시에 연락처로 사용할 수 있습니다. 주소 알려주기를 꺼리는 분에게는 "트리밍 후의 사진을 메일로 보내드린다"고 하면 수월하게 알아낼 수 있습니다.

⑥ 비상 연락처

작업 중 비상사태가 발생하거나 맡긴 아이를 데리러 오지 않을 때 바로 연락할 수 있도록 기입해두십시오. 핸드폰 번호나 SNS 아이디를 알아두면 좋습니다.

⑦ 애완동물 이름

여러 마리의 동물을 사육하는 고객을 대응할 수 있도록 준비할 필요가 있습니다. 또한 DM을 발송할 때 고객의 이름과 함께 반려견의 이름도 기재하면 매우 기뻐할 것입니다. 나아가 매장 방문 시와 픽업 시에 반려견의 이름을 불러주면 고객도 안심하고 맡길 수 있고, 반려견도 어느 정도 경계심을 풀게 됩니다.

⑧ 견종과 털 색

견종과 털 색을 메모해두면 새로운 서비스를 시작했을 때 타깃을 선별해서 DM을 보낼 수 있습니다.

⑨ 성별

'Girl's day(암컷)', 'Boy's day(수컷)'를 만들어 그 날에 맞추어 디스플레이를 바꾸거나 성별에 따라 전단지를 보내면 효과적입니다.

⑩ 생일

생일 이벤트 및 선물을 준비하거나 개의 연령에 맞추어 건강 상담이나 조언 등을 해주면 고객분들이 매우 기뻐합니다.

⑪ 특징

좋아하는 것·싫어하는 것·좋아하는 행위·싫어하는 행위 등을 적어두면 모든 직원이 정보를 공유할 수 있어 안전하고 원활하게 작업을 진행할 수 있습니다.

⑫ 고객 정보

고객의 특징을 알면 대화와 서비스가 순조로워집니다. 취향이나 취미 등 되도록 많은 내용을 메모해둡니다. 다만 고객에게 카드를 보여줘야 하는 상황이 올 수도 있으니 절대로 부정적인 내용이나 실례되는 말은 피하십시오.

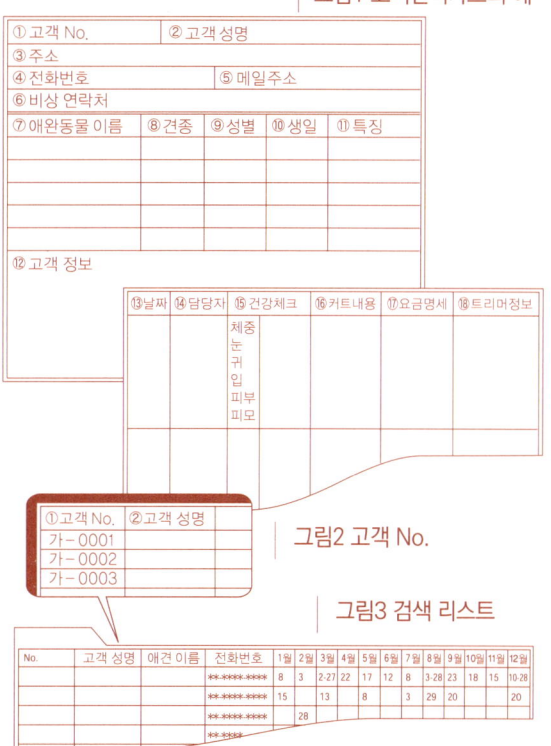

그림1 고객관리카드의 예
그림2 고객 No.
그림3 검색 리스트

⑬ 날짜
⑭ 담당자
⑮ 건강체크
⑯ 커트와 서비스의 내용
⑰ 요금 명세
⑱ 트리머 정보

언제, 누가, 어떤 트리밍을 했는지, 어떤 상태였는지, 요금은 얼마였는지를 메모해두면 다음 방문 시에 이전 정보를 참고할 수 있습니다. 건강 체크항목은 지난번 방문 시와 비교해 차이가 있으면 고객에게 조언도 가능합니다. 건강 정보는 트리머만이 알 수 있는 사항이 많으므로 되도록 자세하게 메모해둡니다.

또한 날짜는 방문일뿐만 아니라, 방문 횟수도 가늠할 수 있습니다. 예를 들어 한 달에 한 번 오는 고객이라면 트리밍 후 25일 정도 지나 "손질하실 때가 되지 않았나요?" 하고 연락해 방문을 유도하면 연간 이용횟수를 늘릴 수 있습니다. 만약 데이터를 정리할 시간이 있다면 검색 리스트를 표(그림3)로 만들어 방문날짜를 적어두면 전화영업이 훨씬 수월해집니다.

오픈 준비 편

직원 고용 – 채용 전 포인트

우선은 채용 단계에서 주의해야 할 포인트를 설명하겠습니다. 매장 경영이 어느 정도 안정되면 직원 고용을 고려하게 됩니다.

직원 고용의 중요성

트리머로서 고용되어 일하는 것과 경영자로서 일하는 것의 가장 큰 차이점 중 하나가 '직원을 고용한다는 점'입니다.

물론 직원을 고용하지 않고 혼자서 운영할 수도 있습니다. 특히 개업 초기에는 고객 수를 예측하기 어렵고 매출도 불안정하기 때문에 직원을 고용할 여유가 없는 경우도 많습니다.

하지만 고객 수가 늘어났을 때 혹시나 직원 수가 부족하면 어떤 일이 일어날까요? 대략적으로 생각을 해도 다음과 같은 일이 예상됩니다.

① 기회의 손실

모처럼 문의를 한 고객의 예약을 받지 못하게 됩니다.

② 서비스 품질의 저하

혼자서 모든 걸 하려다 보면 트리밍의 질이 저하됩니다.

③ 오너의 피로

바쁜 와중에 구인활동까지 해야 하는 상황이므로 체력적·정신적으로 힘들어집니다.

④ 채용수준의 저하

너무 급하게 사람을 구하려다 보면 채용의 문턱을 낮추게 됩니다.

⑤ 고객 이탈과 실적 악화

결과적으로 매장의 매력이 사라져 고객의 발길이 멀어지게 됩니다.

물론 모든 매장이 이런 길을 걷는 것은 아니지만 정작 필요할 때 일손이 모자라는 것이 얼마나 치명적인 일인지를 쉽게 예상할 수 있습니다. 실은 이렇게 직원채용이 잘 되지 않아 성장(매출 확대)의 기회를 놓쳐 침체에 빠지는 매장이 적지 않습니다.

반대로 순조롭게 성장하고 있는 매장을 보면 현명하게 직원을 채용하고 육성하여 고객이 늘어나는 시점을 확실하게 잡고 있습니다.

오너가 되려고 마음먹은 그 날부터 인력문제는 당신을 늘 따라 다니게 될 것입니다. 이상적인 애견미용실을 위하여 직원 고용의 요령을 잘 알아봅시다.

구인매체의 특징

직원 고용은 구인 광고를 내는 일에서부터 시작됩니다. 우선은 구인 정보를 게재할 매체를 선정합니다.

① 전문학교

애견미용실에서 사람을 구할 때 가장 대표적인 창구입니다. 다만 전문학교에서 구인할 경우 갓 졸업해 실무 경험이 없는 사람이 대부분이므로 그 점에 유의해야 합니다.

② 인터넷 구인 사이트

최근에는 인터넷을 통해 구직활동을 하는 사람이 늘고 있습니다. 구인정보 사이트에는 무료와 유료가 있으며, '무료 게재'라고 되어 있어도 옵션을 이용하면 금액이 올라갑니다. 요금에 관해서는 사전에 꼼꼼하게 확인합시다.

③ 구인정보지와 신문 전단지

인터넷 보급으로 예전보다 그 존재감이 많이 희미해졌지만, 주부층은 여전히 구인정보지나 신문 전단지를 통해 일자리를 찾는 경우가 많습니다. 비용 대비 효과가 얼마나 있는지 잘 생각해서 활용하십시오.

④ 취업 지원센터

무료로 광범위하게 모집을 할 수 있습니다. 하지만 애견 관련 업무 미경험자가 응모할 가능성이 높으므로 채용 시에는 실무경험과 취업조건을 꼭 확인해야 합니다. 또한 취업 지원센터에 구인을 내기 위해서는 원칙적으로 고용보험에 가입되어 있어야 합니다. 법인의 경우는 4대 보험에 가입되어 있어야 사용 가능합니다.

⑤ 지인과 직원의 소개

믿을 수 있는 지인이나 현재 일하는 직원으로부터 소개를 받는 경우는 어느 정도 매장의 상황을 알고 오거나, 소개한 사람 때문에 바로 그만두는 일이 적은 것이 이점입니다.

반면에 내 가게와 맞지 않아도 거절하기 어렵거나 만일 그 사람이 문제를 일으킨 경우에 소개한 사람과의 관계가 서먹해질 수 있다는 위험도 있습니다.

한가지 추천할 만한 것은(전문학교 출신 직원이 있는 경우에 한정된 이야기지만), 그 출신 학교의 교수님이나 과 사무실을 통해 소개를 받는 방법입니다. 학교 입장에서도 학교의 이미지와 직결되므로 신중하게 인재를 선정할 것이고 그 학교의 졸업생을 채용해서 일단 '인연'을 맺으면 앞으로 우수한 인재를 계속 소개받을 가능성이 높습니다.

그림1 구인활동 스케줄의 예		
	신규졸업생 채용	경력자 채용
1월	겨울방학 실습생 받기	
2월	전문학교에 구인정보 발송	
3월	봄방학 실습생 받기	6월 성수기 구인
4월		
5월		WEB 서비스에 게재, 지역신문 등에 들어갈 전단지에 게재
6월	전문학교에 구인정보 발송	
7월		
8월	여름방학 실습생 받기	12월 성수기 구인
9월		
10월		WEB 서비스에 게재, 지역신문 등에 들어갈 전단지에 게재
11월	전문학교에 구인정보 발송, 연말 단기 아르바이트 모집	
12월	연말 단기 아르바이트 채용	

⑥ 매장 홈페이지에 게재

매장 홈페이지에서 구인 활동을 하는 것은 매우 중요합니다. 최근에는 지원하기 전에 미리 홈페이지를 방문하므로 제대로 정비해두기를 권합니다. 제작비용은 업체마다 다르지만 종이 매체나 구인정보 사이트보다 정보의 양과 내용의 자유도가 높으므로 어필하고 싶은 사항을 풍성하게 담도록 합니다.

구인정보 작성방법

다음은 구인매체에 게재할 정보를 정리합니다. 어떤 정보를 어떤 식으로 보여주면 좋을까요?

① 스케줄을 의식하자

구인은 구직자와 타이밍이 잘 맞아야 합니다. 연간 스케줄 예(그림1)를 참고하여 계획적으로 진행하십시오. '일손이 부족하다!'며 급하게 서둘러 구인활동을 하면 실패하는 경우가 많습니다. 비용과 인원 상황에 따라 다르지만, 평상시 구인활동을 해놓는 것이 중요합니다.

② 근무 이미지가 잘 떠오를 만한 정보를 담자

새로운 곳에 취업할 때는 누구나 불안하기 마련입니다. 특히나 요즘은 직장을 결정할 때 그 직장의 분위기나 함께 일하는 직원이 어떤 사람인가를 중시하는 사람들이 많아졌습니다. 매장 내부나 작업하는 모습, 오너나 직원들 사진, 기타 이벤트에 관련된 정보들을 보고, '나도 여기서 일해보고 싶다'는 생각이 들도록 꾸며 보십시오.

③ 취업조건을 구체적으로 제시하자

구인정보지 등을 보면 '급여는 협의 가능', '전화 연락 요망'이라고 적힌 것을 많이 볼 수 있습니다. 물론 당사자와 만나보고 자세한 사항을 정하고 싶어하는 마음을 모르는 것은 아니지만, 지원자 입장에서는 취업조건이 불분명한 곳에 응시하는 것은 꺼려지는 일입니다.

취업조건을 제시할 때는 예를 들어 '과거 실적 : 경력 3년, 마감까지 할 수 있는 분. 월급 : ○○만 원'이라고 구체적으로 예를 제시하는 형태가 좋습니다(물론 정직하게 적어야 합니다). 실적 조건 없이 원하는 대략적인 급여를 표기해도 좋습니다. 자세한 사항은 면담과 실습을 통해 지원자의 능력을 확인한 후에 결정하겠지만 되도록 구체적으로 기재하는 것이 좋습니다.

④ 다른 곳도 사람을 구하고 있다는 것을 잊지 말자

누구나 우수한 직원을 채용하고 싶어 하는 것은 마찬가지입니다. 여러 매체에 구인정보를 내므로 흔한 내용으로는 좀처럼 강한 인상을 주기 어렵습니다.

예를 들어 전문학교에 구인광고를 낼 때도 취업조건 등을 자세하게 기재하고, 일러스트나 사진을 첨부하여 매장의 분위기나 특징, 오너의 생각 등을 알기 쉽게 소개합니다. 이런 아이디어 하나로 지원자에게 강한 인상을 심어줄 수 있습니다.

채용의 포인트

수많은 지원자 중에서 우리 매장에 적합한 인재를 선택하려면 어떤 점에 주의하면 좋을까요?

① 채용기준을 정리하자

'기술력이 좋아 바로 실무에 투입할 수 있는 사람', '경험이 없어도 붙임성이 좋고 오랫동안 근무할 수 있는 사람', '트리밍 업무뿐만 아니라 매장 관리에도 관심이 있는 사람', 이 중에서 당신이 원하는 인재는

면접 시 체크 포인트

- □ 이력서 등 제출서류는 제대로 작성했는지?
- □ 약속 시간에 늦지는 않았는지?
  너무 일찍 오지는 않았는지?
- □ 인사, 몸가짐, 경청하는 자세 등 사회인으로서 매너를 갖추고 있는지?
- □ (경력직인 경우) 전에 다니던 애견미용실을 그만둔 이유?
- □ 우리 매장에 지원한 이유?
- □ 우리 매장에서 일하게 된다면 어떤 직원이 되고 싶은지?
- □ 오너의 사고방식과 비전에 적합한 인물인지?

어떤 유형인가요? "채용"에도 다양한 관점이 있습니다. 그리고 모든 것을 완벽하게 갖춘 인재를 만나기란 그리 쉽지 않으므로 우리 매장에 필요한 인재상을 미리 생각해 두십시오.

② 실습을 활용하자

트리머와 같은 기술 인력을 면접만으로 정하는 것은 애당초 무리가 있습니다. 되도록 일정 기간 실습을 하도록 권합니다. 아르바이트 형식도 좋고 본인의 양해를 얻어 실습을 해도 좋습니다. '백문이 불여일견'이란 말이 있듯이 인사와 청소는 제대로 하는지, 주변 사람들과 잘 협조하는지, 고객을 어떤 식으로 대하는지, 체력과 집중력은 있는지 등 백 번의 면접보다 한 번의 실습으로 알 수 있는 점이 더 많습니다.

③ 질문사항을 정리해두자

지원자의 경력과 면접의 흐름에 따라 질문 사항이 조금씩 달라집니다. 하지만 그때그때 생각나는 대로 질문하면 '대화가 잘 통한다'는 것만으로 과대평가할 수도 있고 반대로 지원자의 능력을 충분히 끌어내지 못할 수도 있습니다.

면접에 아주 익숙한 경우가 아니라면 질문하고 싶은 사항을 미리 생각해두고 되도록 지원자 전원에게 같은 질문을 하는 것이 중요합니다.

④ 더욱 효과적인 면접 방법을 고민해보자

면접방법을 잘 고민해보면 그것만으로도 지원자의 성격을 더 자세히 알 수 있습니다.

다양한 면접 방법

면접은 1대 1 질의응답 형식만 있는 것이 아닙니다. 아이디어에 따라서는 보다 알찬 내용으로 진행할 수 있습니다.

● 사전 기입 시트의 활용

면접 전에 몇 가지 질문에 대한 답을 작성하고 '사전 기입 시트'를 작성하게 합니다. 질문 내용은 지원 동기 외에 '지금까지 일하면서 가장 기뻤던(힘들었던) 일', '고객이 이런 무리한 요구를 하면 어떻게 대처하겠는가?' 등 기존의 경험이나 그 사람의 사고방식을 추측할 수 있는 내용으로 만들면 좋습니다.

문장으로 작성하게 하면 그 사람의 생각을 좀 더 정확하게 알아낼 수 있어 차후 면접을 쉽게 진행할 수 있습니다. 또한 정해진 시간 내에 문장을 작성하도록 하면, 시간 배분을 하며 작업할 수 있는지 여부, 즉 트리밍에 필수적인 자질도 확인할 수 있습니다.

● **그룹 면접**

여러 사람을 면접하다 보면, 남의 이야기를 경청하는 자세와 그룹 속에서 어떤 포지션을 차지하는 타입인지(리드하는 사람인지, 조용한 타입인지 등)를 알 수 있습니다. 하나의 과제를 놓고 그룹을 지어 토론하고 발표하는 과정을 관찰해보는 방법도 있습니다.

다만 그룹 면접은 여러 사람을 지켜봐야 하므로 4명 정도가 적당합니다. 그룹 면접에서 '괜찮다' 싶은 사람은 다시 한번 개인 면접을 하는 것이 좋습니다.

● **자율복장 면접**

'면접용 정장'이 아닌 평상복을 입고 면접에 오게 하는 방법입니다. 복장을 통해서 많은 정보를 얻을 수 있습니다. 특히 트리머는 창의성이 요구되는 일이므로 그 사람의 센스와 개성을 본다는 관점에서도 효과적입니다.

자율복장 면접을 실시할 때 "평상복"차림으로 오라고 해도 "정장 차림으로 가는 게 예의"라며 정장을 입고 오는 사람이 많습니다. 그러므로 편한 분위기에서 면접을 보고 싶다는 취지를 분명하게 전하는 것이 좋습니다.

그랬는데도 정장 차림으로 오는 사람이 있습니다. 그런 사람을 긍정적으로 볼 것인지, 아니면 부정적으로 볼 것인지는 오너가 판단할 부분입니다.

● **매장 밖에서의 면접**

꼭 매장이 아니더라도 근처 카페 등에서 면접을 보는 방법도 있습니다. 이것도 지원자의 긴장을 풀어주는 방법 중 하나인데, 카페 점원을 대하는 태도나 행동 등으로 그 사람의 매너를 확인할 수 있습니다.

실습 기간을 활용하자

시간과 비용을 들여서 채용 활동을 했지만, 우리 매장에 맞는 인재인지, 원하는 능력을 갖춘 인재인지는 실제로 일을 해봐야 아는 부분입니다. 그러므로 실습 기간을 적극적으로 활용해보시기 바랍니다. 기간은 일반적으로는 3~6개월 정도입니다. 다만 실습 기간이라고 하더라도 마음대로 해고해서는 안 됩니다. 사람을 해고하려면 정당한 이유가 필요합니다.

예를 들어 "일단 3명을 고용하고, 거기서 잘하는 사람 1명만 남기고 두 명은 자르는 제도"는 본래의 취지에 어긋나며 법에 저촉되는 경우도 있습니다. 원칙적으로 '제대로 육성해서 우리 매장의 전문 인력으로 키운다'라는 생각으로 사람을 채용하도록 합니다.

오픈 준비 편

직원 고용 – 채용 후 포인트

다음은 채용 시와 채용 후의 주의사항입니다. 또한 직원의 평가제도와 퇴직·해고 등의 상황에 대해서도 알아보도록 하겠습니다.

> ① 근로계약 기간
> ② 근무장소·업무의 내용
> ③ 출퇴근 시간, 소정의 노동시간을 초과하는 노동의 유무, 휴식시간, 휴일, 휴가, 교대근무를 하는 경우 그와 관련된 사항
> ④ 임금의 결정·계산·지불 방법 임금의 마감·지불 시기에 관한 사항
> ⑤ 퇴직에 관한 사항(해고 사유 포함)

그림1
서면으로 명시해야 하는 사항

직원 채용 후

직원을 채용한 그 날부터 오너는 직원을 잘 관리해야 합니다. 보람을 가지고 활기차게 일하도록 하면서 지켜야 할 것은 확실하게 지키도록 하는 균형 잡힌 매니지먼트가 우리 매장을 성장시키는 밑거름이 됩니다. 반대로 매니지먼트를 제대로 하지 못하면 어렵게 채용한 우수한 인재를 놓치고 맙니다. 여기에서는 채용 후의 매니지먼트 업무에 대해서 배워보기로 하겠습니다.

채용 시의 포인트

직원을 채용할 때 꼭 챙겨야 할 사항입니다. 트러블을 피하기 위해서도 반드시 확인해 두십시오.

① 고용계약서를 작성하자

우선은 그림1을 보십시오. 이것은 사람을 고용할 때 서면으로 명시해야 하는 사항입니다. 직원을 채용할 때 가장 많이 일어나는 트러블이 "업무 외의 지시" 또는 "급여" 관련 사항입니다.

이런 트러블은 오너와 직원의 견해 차이로 인해 발생하는 것입니다. 고용 시에 '고용계약서'를 작성하여 서로 서명·날인을 하여 보관해두면 이러한 트러블을 막을 수 있습니다. 고용계약서에는 그림1의 사항뿐 아니라 오너가 직원과 약속하고자 하는 내용을 담을 수 있습니다. 예를 들어 '고객 정보를 외부에 유출하지 않도록 한다'라는 내용을 기재해서 계약을 체결하는 것도 중요합니다. 채용 초기에는 상대가 어떤 사람인지 알 수 없습니다. 나중에 트러블로 인해 서로 얼굴을 붉히는 일이 없도록 확실하게 계약을 체결해두십시오.

② 자격증을 확인하자

트리머 관련 국가자격시험은 없지만 민간 자격증은 다수 있습니다. 이력서에 이런 자격증을 보유하고 있다고 기재한 사람도 있습니다.

최근 세간에서 매우 민감한 이슈로 떠오른 것이 '경력 사칭'입니다. 만일 우리 매장에 그런 자가 있어 그것이 세간에 알려지기라도 한다면 그로 인한 손실은 이루 헤아릴 수 없을 것입니다. 자격증이 있는 자를 고용할 경우에는 근무 첫날 자격증 사본을 지참하도록 하면 좋습니다.

또한 직원이 업무상 운전을 해야 하는 경우가 있을 때는 운전면허증도 확인해두십시오. 만일 무면허 운전으로 교통사고를 낸 경우에는 운전을 지시한 사업자도 책임을 질 수 있습니다.

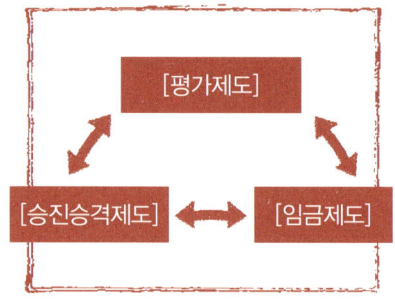

그림2 인사고가제도의 체계

채용 후의 포인트

'매니지먼트'라는 말이 어렵게 느껴질 수도 있지만 가장 중요한 것은 직원과의 소통입니다. 오너가 어떤 비전을 갖고 있는지, 직원에게 어떤 점을 기대하고 있는지를 확실하게 전달합니다. 그리고 직원이 무슨 생각을 가지고 있는지, 즐겁게 일하고 있는지를 상대방에게 확인하는 것도 매우 중요합니다.

작은 조직에서는 사소한 오해로 인해 감정의 골이 깊어질 수 있습니다. 어느 날 직원들이 한꺼번에 그만두는 최악의 사태가 일어나지 않도록 평소 직원들과 소통하는 자리를 많이 만드십시오.

① 업무 매뉴얼을 작성하자

애견 트리머 업계는 인재의 유동성이 큽니다. 되도록 직원이 오래 근무할 수 있도록 힘써야 하겠지만, 여러모로 힘든 점이 많습니다.

애견미용실에서 가장 피했으면 하는 사태는 어떤 직원이 그만두었을 때 그 직원이 맡았던 업무에 대해 아무도 모르고 있다는 점, 그래서 업무가 정지되고 결국은 고객에게 피해를 준다는 것입니다. 이런 일이 일어나지 않도록 매뉴얼을 작성하여 '유사시에 매뉴얼을 보면 누구나 알 수 있는 상태'로 해두는 것이 중요합니다.

② 취업규칙을 작성하자

'취업규칙'은 사용자가 사업장에 있어서 근로자가 준수하여야 할 규율과 임금·근로시간·기타 근로조건에 관한 구체적 사항을 정한 규칙으로 "근로기준법"에는 '상시 10인 이상의 근로자를 고용하는 사업자는 취업규칙을 작성하여 의무적으로 고용 노동장관에게 신고해야 한다'고 규정하고 있습니다. 10인 이상의 근로자'에는 파트타임 직원도 포함됩니다.

인사·노무 관련 전문가와 상담을 하거나 인터넷에서 취업규칙 샘플을 구해 사용합니다. 직원 수가 늘게 되면 반드시 작성해야 합니다.

③ 직원 평가를 하자

인사고과제도는 그림2와 같이 '평가제도', '승진승격제도', '임금제도'라는 세 가지 제도가 조합되어 있습니다. 직원 평가란 매우 심오한 테마인데 다음 항에서 그 포인트를 알아보도록 하겠습니다.

직원 평가의 3요소

● 평가제도

직원을 평가하는 기준이 불분명하면 급여와 보너스 금액을 책정할 때 오너의 주관에 의해 형평성에 어긋나게 평가할 수 있습니다. 그런 식으로 평가를 하게 되면 직원들의 사기를 떨어뜨릴 수 있습니다.

객관적이고 공평하게 평가하려면 그림3과 같이 오너가 직원에게 원하는 사항을 전달해야만 직원의 장단점을 객관적으로 평가할 수 있습니다.

그림3 평가제도

	실적			태도			능력		
	업무의 질	업무의 양	고객 대응	책임감	발전의욕·자기계발	협조성	업무지식·기능	대인능력	지도육성능력
A씨	3	3	5	5	2	5	4	5	3
B씨	5	5	2	4	5	2	5	2	2
C씨	2	2	2	1	2	2	2	2	1

그림4 승진승격제도

직함	기대하는 사항
견습 트리머	주위로부터 도움받으며 일한다
트리머	트리머로서 충분히 제 몫을 할 수 있다
지도 트리머	후배에게 업무 지도를 할 수 있다
총괄 트리머	오너를 보좌하며 직원을 관리할 수 있다

● 승진승격제도

직원을 여러 명 고용하게 되면 각자 수행해야 하는 역할과 기대 사항이 달라집니다. 이런 경우를 대비해서 그림4와 같이 직함을 정하고 각기 요구사항을 정리해두십시오.

● 임금제도

누구에게 얼마의 급여를 지급할 것인가는 오너의 업무 중에서도 가장 중요하고 고민스러운 부분입니다. 이때 앞서 말한 제도를 잘 마련해두면 능력에 맞게 공평하게 임금을 정할 수 있습니다.

인건비는 전체 비용 중에서도 큰 비중을 차지하므로, 세무사 등 전문가의 의견을 참고하여 액수를 정하도록 합니다.

퇴직 해고 포인트

직원을 채용할 때는 훗날 그 사람이 그만두는 상황에 대해서는 그리 깊이 생각하지 않습니다. 하지만 대부분의 직원이 언젠가는 그만두게 되므로 규칙을 정해놓는 것이 좋습니다.

민법에서는 퇴직할 때는 "퇴직 희망일 14일 전"까지 의사를 밝혀야 한다고 규정되어 있지만, 실제로는 업무의 인수인계나 대체인력을 구하는데 시간이 부족하므로 채용 시에 '퇴직 1~2개월 전에는 의사를 밝혀야 한다'는 식으로 계약을 맺는 것이 좋습니다.

또한 퇴직 의사를 밝힐 때는 '사직서'를 제출하여 분명하게 의사를 표현하도록 하는 것이 중요합니다. 이는 퇴직 후에 "나는 해고 당했으니 실업급여를 청구하겠다"고 신고하는 만일의 사태를 방지하기 위한 목적도 있습니다(실제로 그런 트러블이 끊이지 않고 있습니다). 확실하게 규칙을 마련해두어 이런 트러블을 방지하도록 하십시오.

능력이 부족한 직원이 있을 때는 해고를 고려할 수도 있지만, 신중히 결정해야 합니다. 당사자가 "부당해고를 당했다!"고 소송을 제기할 수도 있고, "직원을 해고했다"는 소문이 퍼지면 매장의 이미지가 나빠질 수도 있습니다. 또한 해고하기 위해서는 타당한 이유가 있어야 하고, 사전에 해고에 대한 기준을 제시해야 하는 등 법률적인 제약이 따릅니다.

해고를 고려할 때는 절대 감정적으로 진행하지 말고 변호사나 노무사 등 전문가의 의견을 참고하여 신중하게 처리하십시오.

같은 꿈을 향해 걷는 동지로서

직원을 고용하면 그만큼 오너의 일이 늘고 트리밍 외의 지식도 필요해져 힘에 부칠 수도 있습니다. 하지만 같은 꿈과 목표를 향해 기쁨과 고통을 나눌 수 있는 직원을 육성할 수만 있다면 그것은 오너에게는 더 없는 재산이고, 우리 매장도 함께 성장할 수 있습니다. 오너 역시 인간적으로 크게 성장할 것입니다.

이상적인 애견미용실을 만들기 위해 진지하게 직원들과 소통하십시오. 고객뿐만 아니라 직원에게도 최고의 애견미용실이 될 수 있는 매장을 함께 만들어 가십시오.

매출 성장을 위한 마케팅

오픈 준비 편

애견미용실의 마케팅이란 구체적으로 무엇을 하는 것인지 궁금할 것입니다. 우선은 매출을 구성하는 요소부터 파악해봅시다.

마케팅의 기본적인 개념

'마케팅'이란 말을 들으면 어떤 이미지가 떠오르나요? 간판, 전단지, 홈페이지, 매장 안에 비치하는 팸플릿 등 다양한 것이 떠오를 것입니다. 마케팅은 넓은 개념이므로 이 모든 것이 다 포함되어 있습니다. 마케팅의 정의는 아래와 같습니다.

> **마케팅이란**
> 기업 및 타 조직[*1]이 글로벌한 시야[*2]를 갖고 고객[*3]과의 상호이해를 구현하면서 공정한 경쟁을 통해 실시하는 시장 창조를 위한 종합적인 활동[*4]이다.

이 말을 애견미용실에 대입해보면 '애견미용실이 사회적인 시야를 갖고 고객에게 정보를 발신하기 위해 매장의 존재를 알리고, 고객과 동물이 만족할 수 있는 서비스를 제공하여 공정한 경쟁을 통해 트리밍 업계의 발전에 기여하면서 새로운 시장을 개척하는 활동이다'라고 바꿔 말할 수 있습니다. 하지만 개념은 대충 알지만, 어디서부터 손을 대면 좋을지 모르겠다는 분들이 많습니다. 우선 마케팅의 기본적인 개념부터 알아보도록 하죠.

마케팅 활동을 자세히 살펴보자

그림1은 매출을 향상시키는데 필요한 마케팅 요소를 인수 분해한 것입니다. 크게 나누면 '①고객의 수를 늘린다', '②방문 횟수를 늘린다', '③단가를 올린다' 이 세 가지입니다. 이 세 가지 요소를 늘리거나 높이면 매출을 올릴 수 있습니다. 그림1의 내용을 자세히 살펴봅시다.

● ① 고객 수=([A] 신규고객 수+[B] 기존고객 수)×[C] 정착률

고객을 늘리려 할 때 가장 먼저 머릿속에 떠오르는 것이 신규고객의 증가일 것입니다. 신규고객을 늘리는 것도 중요하지만, 잊어서는 안 되는 것이 과거에 매장을 찾아준 기존고객의 재방문을 촉구하는 일입니다.

애견미용실을 오픈 한 직후는 고객관리카드가 늘기만 할 것입니다. 하지만 개업하고 몇 달이 지나면 한동안 오시지 않는 고객이 있다는 것을 알게 됩니다. 고객관리카드의 수가 많아도 실제로 매장을 찾는

[*1] 교육·의료·행정 등의 기관, 단체 등도 포함한다.
[*2] 국내외의 사회, 문화, 자연환경의 중시.
[*3] 일반 소비자, 거래처, 관련 기관, 개인 및 지역주민을 포함한다.
[*4] 조직 안팎에 통합·조정된 리서치·제품·가격·프로모션. 유통 및 고객·환경관계 등에 관련된 모든 활동을 말한다.

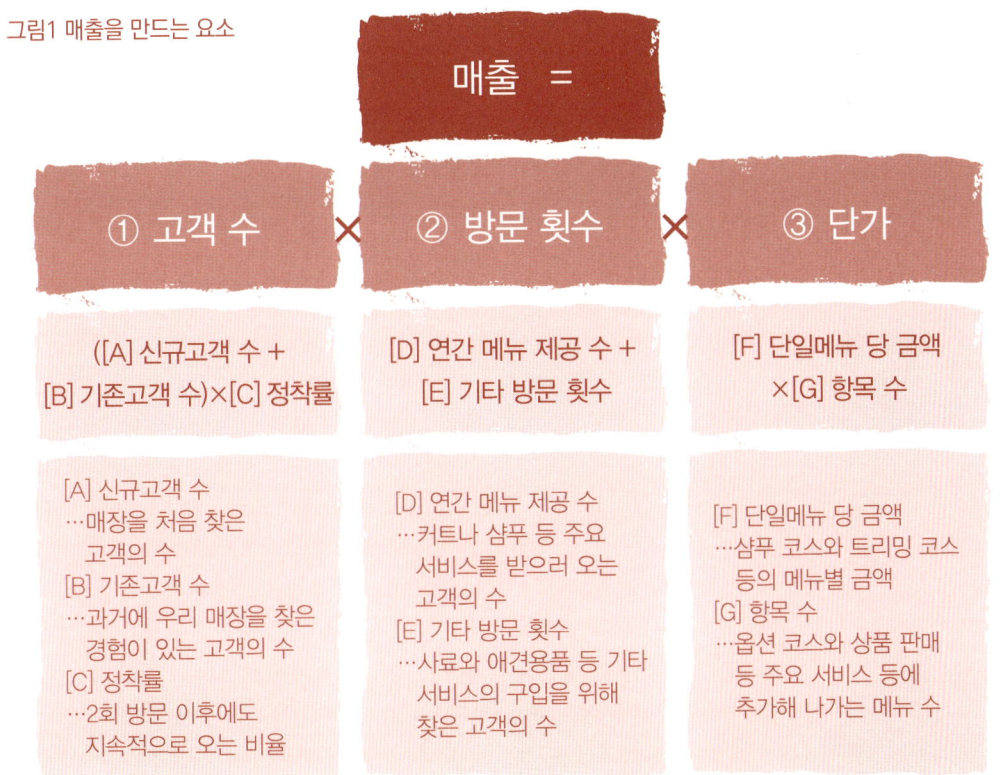

그림1 매출을 만드는 요소

● ② 방문 횟수=[D] 연간 메뉴 제공 수+[E] 기타 방문 횟수

유효카드의 수가 적은 경우도 있습니다. 따라서 어느 정도 고객이 지속적으로 매장을 찾아주는가를 나타내는 '정착률'도 확실하게 파악할 필요가 있습니다.

● ② 방문 횟수=[D] 연간 메뉴 제공 수+[E] 기타 방문 횟수

방문 횟수는 샴푸와 트리밍 등 주요 서비스를 이용하기 위한 횟수([D] 연간 메뉴 제공 수)와 사료와 애견용품 등을 구입하기 위해 찾은 횟수([E] 기타 방문 횟수), 이 두 종류로 나눌 수 있습니다.

샴푸와 트리밍은 다음 방문까지 1~3개월 정도 텀이 있지만, 상품 구매 등을 이유로 자주 매장을 찾는 경우도 있습니다. 이렇게 각각 다음 방문까지 걸리는 기간이 크게 다르므로 분리해서 대응해야 합니다.

● ③ 단가=[F] 단일메뉴 당 금액×[G] 항목 수

단가를 향상시키는 방법은 샴푸 코스나 커트 코스와 같은 단일 메뉴의 금액을 올리는 방법과 옵션 서비스와 상품판매 등 제공하는 메뉴의 수를 늘리는 방법, 이렇게 두 가지로 나눌 수 있습니다.

같은 50,000원의 매출이라도 커트 코스만으로 받는 금액인지, 샴푸 코스에 옵션과 상품판매 금액을 포함한 금액인지에 따라 그 내역이 달라집니다. 코스를 잘 설정하면 단일메뉴의 금액을 향상시킬 수 있고 옵션과 상품판매를 현명하게 하면 항목 수를 늘릴 수도 있습니다. 이렇게 상황에 맞게 대처해야 합니다.

무엇부터 시작해야 하나?

이렇게 많은 대처들을 한꺼번에 시작하는 것은 어렵습니다. 무엇을 먼저 해야 하는가는 매장의 상황에 따라 다르지만 기본적으로는 '①고객을 늘리는 활동'부터 시작하십시오. 매출이 걱정된다면 우선은 사료를 권하는 등 '③단가를 향상'시키는 방법을 선택하는 경우도 많은데, 분모집단(고객 수)이 적은 상태에서는 단가를 끌어올리는 활동을 해도 경영에 미치는 영향은 매우 미미합니다. 초조해하지 말고 기본으로 돌아가 활동을 진행합니다.

오픈 준비 편

고객을 불러들이는 광고와 전단지

우리 매장의 오픈 소식을 알리고 매장에 오도록 유도하는 광고에 대해 생각해 봅시다. 매장의 이미지가 완성되었다 하더라도 상권에 있는 잠재적인 고객은 아직 당신의 매장을 모릅니다.

고객 확보의 경로는?

매장 앞을 지나지 않는 사람에게 당신의 매장을 알리는 방법에는 두 가지가 있습니다. 우선 '우리 매장을 찾지 않은 견주에게 매장이 직접적으로 알리는 방법', 또 하나는 '우리 매장에 오셨던 고객을 통해서 알리는 방법'입니다. 이를 나타낸 것이 그림1입니다. 각각의 경로 별로 대표적인 광고기법을 살펴보겠습니다.

① 전단지 배포

그림1 ①의 매장이 '불특정 다수에게 직접적으로 알리는 방법'으로 가장 대표적인 것이 전단지 포스팅입니다. 전단지는 아직 우리 매장을 찾지 않은 고객에게 직접 매장의 존재를 알리는 수단입니다. 호소력이 강한 전단지라면 많은 고객을 매장으로 불러들일 수 있을 것입니다. 적은 비용으로 진행할 수 있어 오픈 홍보 외에도 세일이나 캠페인을 홍보하기 위한 목적으로도 활용할 수 있습니다.

지역간행물이나 신문에 광고를 내는 방법도 있습니다. 집객은 일단 '우리 매장의 존재를 좀 더 많은 견주에게 알리는 것'이 중요합니다.

다음은 어느 정도의 빈도로 어떤 지역에 포스팅하면 좋을지 검토합니다. 전단지는 보는 횟수에 따라 받는 인상도 달라집니다. 그림2를 참고하여 되도록 인근에 사는 견주 분들이 자주 볼 수 있도록 노출 횟수를 늘립니다.

매장 주변은 네 번 모두 전단지를 배포합니다. 한 번에 전 지역에 배포하는 비용과 그림처럼 네 번에 나누어 배포하는 비용에는 큰 차이가 없습니다.

그림2 배포 구역

우리 매장
1회차 배포
2회차 배포
3회차 배포
4회차 배포

② 입소문과 이를 촉진하기 위한 도구

그림1의 ② '매장에서 고객에게, 그리고 그 고객이 친구 등 특정 다수에게' 알리는 대표적인 방법은 ②-B '고객이 자기 친구에게' 입소문을 통해서 알리는 판촉입니다. 입소문은 그 매장의 메뉴를 직접 체험해보고 좋았던 "경험"이 있어야만 가능합니다. 그러므로 오픈 전 집객 활동에는 부적합하지만, 일단 오픈하면 '입소문'이 매우 중요해집니다.

과연 서비스와 상품이 좋지 않은데 입소문이 날 수 있을까요? 물론 그렇지 않습니다. 입소문은 매장의 노력과 센스에 달려 있습니다. 하지만 입소문을 촉진하는 일은 가능합니다. 견주 간의 대화 속에서 '소개'하는 장면을 상상해 보십시오. '소개하기 편한 도구'가 있으면 좋겠죠! 예를 들어 우리 매장의 특징을 정리한 샵카드나 팸플릿이 있으면 효과적입니다. 오픈 전단지 등을 발주할 때 함께 만들어두세요.

이런 도구를 제작할 때 주의해야 할 점은 '작게 만들어야 한다'는 것입니다. 들고 가기에 부담스러운 것은 그냥 지나칩니다. 고객 중에는 여성 분이 많으므로 가방이나 지갑에 쏙 들어가는 사이즈로 준비하는 것이 좋습니다.

판촉물 제작 순서와 효과적인 레이아웃

판촉물은 사람의 관심을 끄는 매력적인 것이어야 합니다. 제작 순서와 그 포인트를 전단지를 예로 들어 함께 생각해 보도록 합니다.

① '무엇을 어필할 것인지', 전단지의 컨셉트를 정한다

↓

② 표현방법을 구체적으로 생각한다

- 단면 인쇄인지 양면 인쇄인지?
- 단색 인쇄인지, 다색 인쇄인지?
- 사진을 넣을 것인지? 일러스트를 활용할 것인지?
- 어느 서비스, 상품을 어필할 것인지?

다음은 전단지에 담아야 할 내용입니다.

● 헤드카피

'애견미용실 ○○ 금일 오픈!' 등 눈길을 끄는 제목으로 독자의 관심이 바디카피로 자연스럽게 유도되도록 효과적으로 배치합니다.

● 바디카피

구체적인 내용을 알리는 중요한 문장입니다. 헤드카피에 비해 문장이 길므로 끝까지 지루해지지 않도록 센스를 발휘해야 합니다.

● 사진 · 일러스트

어린 강아지나 고양이 사진은 호감을 줍니다. 애견미용실은 트리밍을 한 아이들의 사진

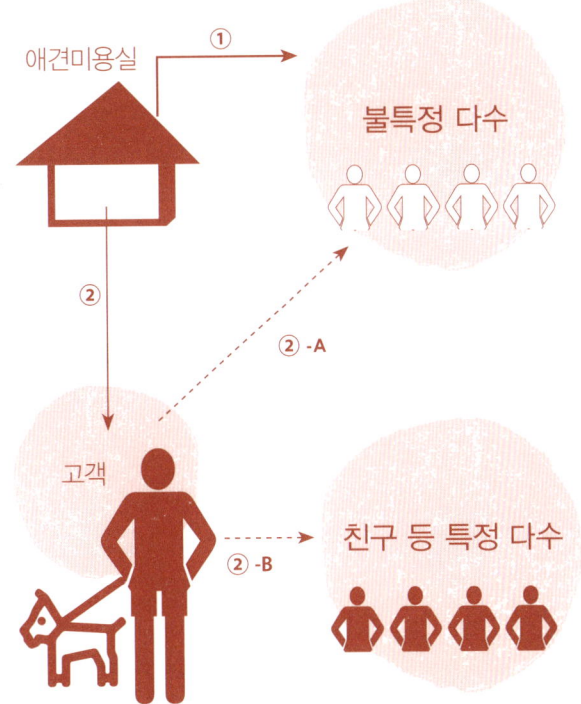

그림1 고객 확보의 경로

을 활용하면 매장의 기술력과 서비스를 알리는 데 큰 도움이 됩니다. 또한 직원의 사진이나 캐리커처는 앞으로 매장을 찾는 고객에게 안도감을 줄 수 있습니다. 일러스트는 광고의 의도와 전단지 전체의 밸런스를 고려해 배치합니다.

● 캡션

사진, 일러스트를 보충하기 위한 글로 특징을 충분히 설명하고 뇌리에 남을 만한 내용으로 만듭니다.

● 요금과 약도 명시

세일 중에 사료 등을 지나치게 저가로 판매하면 다른 매장이나 도매업체로부터 클레임이 들어올 수 있으니 조심하십시오. 매입 단계에서 가격 인하 폭을 상담해 보고, 도매업체 협력 '오픈 기념 세일'은 적극적으로 활용합니다. 전단지에 세일 기간과 오픈 기념 쿠폰을 포함시키면 좋습니다.

● 기본 정보

영업시간, 정기휴일, 전화번호는 물론 매장의 약도와 홈페이지 URL 등을 적습니다.

오픈 준비 편

홈페이지의 정비와 강화

전하고자 하는 사항을 확실하게 담고, 보기 편한 디자인으로 만드십시오.
홈페이지를 개설할 때에는 무엇부터 시작하면 좋을까요?

홈페이지를 잘 만들려면

경영에 있어서 홈페이지의 구축이 얼마나 중요한지는 모두가 아는 사실입니다. 하지만 실제로 홈페이지를 만들게 되면 무엇부터 손을 대야 할지 막막하기도 합니다. 지금부터는 홈페이지 작성의 흐름과 매력적인 홈페이지를 만들기 위한 포인트를 소개하겠습니다.

그림1은 홈페이지를 처음 만드는 단계를 정리한 것입니다. 이 단계를 순서대로 밟아 나가면 순조롭게 홈페이지를 만들 수 있습니다. 각 항목에 대해 설명하겠습니다.

| 그림1 홈페이지 제작 단계

① 목적
1. 목적의 정리

② 계획
2. 담고자 하는 콘텐츠의 정리
3. 사이트맵의 작성

③ 제작업체 선정
4. 제작업체 물색과 견적 의뢰, 결정
5. 각종 계약

④ 제작
6. 첫 페이지의 디자인
7. 기본적인 원고 작성법
8. 호소력이 강한 페이지로 만들려면

⑤ 업데이트
9. 정기적인 업데이트

1. 목적의 정리

가장 먼저 홈페이지를 만드는 목적에 대해 생각해봅니다. 홈페이지는 무엇을 위해 존재하는 것일까요? 애견미용실의 홈페이지는 ①고객, ②구직자, ③매장 직원 이 세 대상자에게 정보를 알리는 매체입니다. 매장을 오픈한 당시는 직원을 고용할만한 여유가 없을 수 있습니다. 하지만 사람이 필요해진 시점에 준비를 시작하면 채용까지 긴 시간이 필요합니다. 홈페이지는 이런 채용 정보뿐만 아니라, 매장의 컨셉트와 스타일의 특징이 응축되어 있으므로 구직자 입장에서는 어떤 분위기인지 상상해볼 수 있습니다. 고객에 대한 정보 발신뿐만 아니라, 구직자와 매장 직원에게도 정보를 발신한다는 점을 염두에 두고 홈페이지를 제작하십시오.

2. 담고자 하는 컨텐츠의 정리

홈페이지를 제작할 때 가장 중요한 것은 어느 페이지에 어떤 내용을 담을 것인지 미리 잘 정리해 두는 것입니다. 이 단계를 건너뛰면 정보는 많은데 무엇을 전달하려는 것인지 잘 와 닿지 않을 수도 있습니다. 정리 방법으로는, 메모지에 홈페이지에 담고 싶은 내용을 한 장에 한

그림2 웹사이트 제작업체의 종류와 특징

① 대형 웹사이트 제작업체	· 클라이언트도 대기업이 중심 · 품질이 좋은 대신 가격이 비싸다 · 다양한 노하우와 서비스를 제공하고 있다
② 일반 웹사이트 제작업체	· 클라이언트는 중소기업 중심 · 요금은 저렴한 것부터 비싼 것까지 다양하다 · 제작속도는 비교적 빠르다
③ 프리랜서 웹사이트 제작업체	· 비용이 저렴하다 · 디자인만 강조하고 있지는 않은지 등 실적 확인이 중요하다 · 개인 사업자의 경우 제작에 시간이 걸리는 경우도 있다

항목씩 적어 나가는 것입니다. 그렇게 하면 여러 장이 모이겠죠. 그중에서 내용이 같거나 연관성이 있는 것들을 하나의 그룹으로 묶습니다.

그리고 각각의 그룹을 '왜 묶었는가?'를 염두에 두고 '매장 소개' 혹은 '요금 정보', 이런 식으로 키워드를 붙여 나갑니다.

3. 사이트맵의 작성

사이트맵이란 책의 목차와 같은 것입니다. 2에서 붙인 '키워드'에 고객이 알기 쉽도록 항목을 붙여봅시다. 이렇게 진행해 나가면 키워드 별로 그룹이 많이 생길 것입니다. 이 키워드가 '각 페이지의 타이틀(클릭하는 버튼)'이 되고 그룹화된 메모지가 '각 페이지에 들어갈 내용'이 되는 것입니다.

이들을 한눈에 볼 수 있도록 정리한 것이 사이트맵입니다. 이렇게 정리해나가다 보면 누락된 내용이나 중복되는 일을 피할 수 있습니다.

4. 제작업체의 물색 및 견적 의뢰와 결정

여기까지 준비가 잘 되었다면 홈페이지 제작을 의뢰할 업체를 찾아봅니다. 금전적으로 여유가 없다면 자체 제작도 가능하지만, 홈페이지는 매장의 얼굴이므로 되도록 전문가에게 의뢰하는 것이 좋습니다. 제작업체도 그림2와 같이 다양하므로 내가 만들고자 하는 홈페이지의 이미지를 구현해줄 수 있는 회사를 잘 찾도록 합니다.

제작업체마다 제작 페이지 수와 도입하는 시스템(업데이트 시스템 등)에 따라 가격이 다른 경우가 많습니다. 그러므로 앞서 말한 사이트맵을 제대로 만들어 두면 보다 정확하게 견적을 낼 수 있습니다. 또한 한 업체에서만 견적을 받지 말고 여러 업체로부터 견적을 받아 비교·검토한 후에 선택하십시오.

5. 각종 계약

제작업체가 결정되면 정식계약을 체결합니다. 이때 주의해야 할 것은 계약 형태와 계약 내용입니다. 제작업체 중에는 '리스계약'이라고 해서 월 요금이 저렴한 반면에 계약 기간이 제한된 형태를 권하는 곳도 있습니다.

물론 월 비용이 적게 들고 비용 내에서 업데이트를 해주는 이점도 있지만, 인터넷을 둘러싼 환경은 워낙 변화의 속도가 빠르기 때문에 제작업체가 계약 만료 시까지 존속한다는 보장이 없는 것이 현실입니다. 나중에 후회하는 일이 없도록 제작비용과 그 후의 업데이트 비용은 별도로 계약을 맺어 놓는 것이 좋습니다. 또한 홈페이지를 작성하기에 앞서 '서버'와 '도메인' 계약을 할 필요가 있습니다.

서버는 홈페이지의 데이터를 넣어두는 집과 같은 것이며, 도메인은 홈페이지의 주소와 같은 것이라고 생각하면 됩니다. 이들 계약은 되도록 본인이 소유권을 갖도록 하십시오.

6. 첫 페이지의 디자인

사용자가 '이 홈페이지를 볼 것인가 말 것인가'에 대한 판단은 대략 5초 안에 이루어진다고 합니다. 즉 관심을 끌 만한 첫 페이지를 만드는 것이 그만큼 중요합니다. 간혹 어디를 클릭해야 되는지 한참 찾는 경우가 있습니다. 콘텐츠 버튼은 눈에 잘 띄는 곳에 배치하고 클릭이 가능하다는 것을 알리는 디자인이 좋습니다.

홈페이지를 보는 사람의 시선의 이동은 그림3과 같이 화면 좌측 상단을 기점으로 세로와 가로로 움직인다는 것이 다양한 조사를 통해 밝혀져 있습니다. 마치 그 흐름이 알파벳 'F'와 비슷하다고 하여 'F자의 법칙'이라고 불립니다.

이 법칙을 이용하여 고객에게 어필하고자 하는 페이지와 많이 보는 페이지를 화면 좌측 상단에 두면 고객에게 노출될 기회가 늘어납니다. 그러므로 2에서 나눈 그룹에 우선순위를 정해서 화면 좌측 상단부터 배치하도록 합니다.

7. 원고 작성 방법의 기본

평소 글 쓰는데 익숙하지 않으면 홈페이지에 게재할 원고 작성 때문에 애를 먹습니다. 하지만 중요한 것은 '오너의 생각이 얼마만큼 전달되는가'입니다. 긴장을 풀고 자신의 생각을 글로 표현해 보세요.

써보고 이해가 되지 않으면 '표제와 단락', '알기 쉬운 표현' 등을 의식하면서 적다 보면 전달력이 좋은 글로 바꿀 수 있습니다.

우선은 '표제와 단락'을 작성하는데, 글자가 많으면 읽기 싫어집니다. 그러므로 무엇을 전달하고 싶은지를 간략하게 정리한 '표제'를 맨 처음 적습니다. 그 뒤에 이어지는 문장도 세 줄 정도가 적당합니다.

다음은 '외래어 풀어쓰기'입니다. 업계에 오래 몸담고 있는 사람에게는 너무도 익숙한 단어지만 고객은 처음 접하는 것일 수도 있습니다. 단어를 모르면 전체 글에 대한 이해도가 떨어집니다.

내가 사용한 언어가 일반인들도 아는 언어인지를 의식하면 보다 좋은 글을 쓸 수 있습니다.

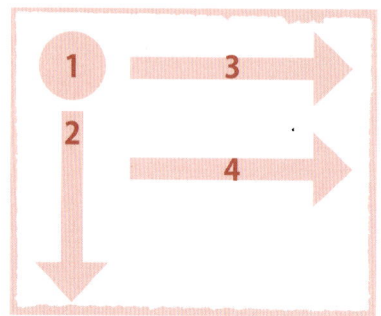

그림3 F자의 법칙

8. 호소력이 강한 페이지로 만들기 위해

홈페이지는 고객에게 우리 매장을 알리는 중요한 매체입니다. 애견미용실의 홈페이지를 분석해보면 고객들은 주로 '직원 소개', '고객의 소리', '매장 특징' 페이지를 많이 본다는 결과가 나왔습니다.

이들 페이지를 보는 주된 이유는 '어떤 트리머가 내 반려견을 맡을까?' 하는 불안감을 해소하기 위한 것으로 보입니다. 이런 불안감을 해소하기 위해 다음과 같은 페이지를 알차게 만들어 보십시오.

① 직원 소개 페이지

직원 소개 페이지는 홈페이지의 컨텐츠 중에서 가장 중요한 페이지입니다. 그러므로 현재 이 페이지가 없다면 반드시 만들도록 합니다. 그림4는 어느 홈페이지의 직원 소개 페이지의 서식입니다.

여기에서 중요한 것은 각 트리머의 '성격'을 알 수 있다는 점입니다. 그러므로 업무와 무관한 출신지나 취미 등 사적인 정보를 적는 것도 좋습니다. 이런 정보는 고객과 대화를 나눌 때에도 도움이 되니 꼭 적어두도록 합니다.

사진 게재를 꺼리는 직원도 있을 것입니다. 증명사진처럼 딱딱한 게 아니라, 트리밍 하고 있는 모습 등 분위기를 알 수 있는 사진으로 충분합니다. 사진 게재를 꺼린다면 캐리커처 등으로 대체해도 좋습니다.

② 고객의 소리 페이지

홈페이지에 매장의 특징을 적기는 하지만, 보는 사람 입장에서는 직접 경험해 본 고객들의 의견이 더욱

와 닿을 것입니다. 그러므로 고객의 의견을 홈페이지에 게재하는 것이 좋습니다. 고객의 의견을 수집하는 방법은 두 가지입니다.

하나는 인터뷰 형식으로 진행하면 신뢰도가 매우 높습니다. '고객의 얼굴이 나오지 않는다'는 조건으로 양해를 구하는 곳도 있습니다. 단골고객에게 부탁하면 의외로 흔쾌히 허락하실지도 모릅니다.

또 한가지는 고객에게 설문조사를 실시하여 기입된 내용을 그대로 홈페이지에 게재하는 방법으로 신빙성을 높일 수 있습니다.

〈고객님께〉
저의 장점은 밝게 웃는 모습입니다.
고객님들께 힘찬 기운을 전해드리기 위해 오늘 하루도 미소와 에너지로 열심히 일하겠습니다!!

이름 : ●●●
취미 · 특기 : 화제의 디저트 가게 찾기
출신지 : 고베시
동거 중인 반려동물 : 토이푸들과 치와와

그림4 직원 소개의 일례

③ 매장의 특징 페이지

매장의 특징에는 기술, 컨셉트, 우리 매장의 철학 등 다양한 내용을 적을 수 있는데, 이를 모두 게재하면 지나치게 길어지므로 그럴 때는 '오너가 어떤 생각을 가지고 오픈 했는가'를 적으면 좋습니다.

여러분도 개업을 결심했을 때 많은 생각이 있었을 것입니다. '왜 트리머가 되려고 결심했는지', '신입 트리머 시절을 어떻게 보냈는지' 등 본인의 경험담과 '매장을 만들 때 어떤 부분에 중점을 두었는지', '어떤 목적으로 기자재를 선택했는지' 등 오픈 준비를 하면서 경험한 에피소드 등도 꼭 담아보세요. 이런 에피소드는 고객의 '공감'을 얻을 수 있어 향후 고객이 애견미용실을 선정할 때 중요한 요소로 작용하게 됩니다. 과거를 되돌아보며 글로 표현해 보십시오.

9. 정기적인 업데이트

홈페이지가 완성된 후에는 정기적으로 업데이트를 해야 합니다. 매장을 찾았던 동물들의 완성사진을 일기형식으로 업로드 하거나 매장에서 있었던 일을 블로그에 작성하는 등 다양한 내용으로 업데이트 합니다.

담당자를 정하거나 요일을 정해서 사전에 어떤 빈도로 업데이트할 것인지 정해두면 어렵지 않게 할 수 있습니다.

*

이처럼 홈페이지 제작에는 상당히 많은 준비가 필요합니다. 제작 과정에서도 디자인의 수정과 변경 등이 많이 발생합니다. 오픈 직전이 되어도 여러 차례 수정사항이 발생하므로 여유를 가지고 미리미리 준비하도록 하십시오.

오픈 준비 편

메뉴와 요금, 옵션메뉴

메뉴 요금은 고객이 매장을 찾는 결정적 요인 중 하나입니다.

가격 설정 시에 고려해야 할 포인트와 옵션메뉴의 도입에 대해 생각해봅시다.

애견미용실의 상품은 무형의 서비스

애견미용실에서 취급하는 상품에는 애견용품이나 사료처럼 형태가 있는 '유형의 서비스'도 있지만, 주요 상품은 커트와 샴푸 등 '무형의 서비스'입니다. 그러므로 고객이 실제로 체험해보지 않으면 당신 매장에 어떤 상품이 있는지 모릅니다. 그렇기 때문에 더더욱 샴푸나 트리밍 등의 '메뉴'를 알기 쉽도록 해야 합니다.

메뉴 금액 역시 고객이 수긍하는 수준으로 설정해야 합니다. 요금은 한번 정해지면 좀처럼 바꾸기 어려우므로 신중하게 정하도록 합니다.

가격 책정 시의 포인트

기본 메뉴의 가격은 어떻게 정하면 좋을까요? 가격을 정할 때는 ① 경쟁업소의 가격, ② 매장의 이익을 고려하는 것이 포인트입니다.

보통 이전에 일하던 매장의 가격을 그대로 적용하는 경우가 많은데, 장소가 바뀌면 고객층도 달라지므로 우선 경쟁업소의 요금을 참고하는 것이 바람직합니다. 경쟁업소마다 요금에 편차가 있는 경우에는 우리 매장과 컨셉트가 유사한 매장의 가격을 살펴봅니다.

다음은 그 가격으로 우리 매장이 이익을 얻을 수 있는가 하는 관점입니다. 커트와 샴푸는 하루에 소화하는 데 한계가 있습니다. 그러므로 지나치게 저렴한 가격으로 설정하면 바쁘기만 할 뿐 전혀 이익이 남지 않는 악순환에 빠집니다.

매출을 올리기 위해서 무리하게 예약을 잡게 되면 약속 시간을 제대로 맞추지 못하거나 동물을 다치게 하는 등 여러 가지 트러블이 생길 수 있습니다. 그런 불상사를 피하기 위해서라도 가격 설정은 매우 중요하다고 할 수 있습니다.

매장의 이익을 생각할 때 활용되는 개념 중에 '시간 단가'라는 것이 있습니다. 이는 소요시간을 기준으로 가격을 설정하는 것입니다.

트리머의 기술력과도 상관관계가 있겠지만, 같은 요금이지만 소요 시간이 크게 다른 경험을 했던 적이 있을 것입니다. 극단적인 예로 같은 50,000원이지만 1시간 만에 끝나는 견종이 있고, 2시간이 걸리는 견종이 있습니다. 이런 경우에는 전자에 비해 후자의 생산성이 절반밖에 되지 않습니다. 그러므로 시간이 걸리는 견종은 좀 더 가격을 높게 설정해야 하며, 그렇게 함으로써 단시간에 끝나는 견종은 저렴하다는 인상을 줄 수 있습니다.

혹시 경쟁업소와 가격 차가 큰 경우는 경쟁업소의 요금과 비슷한 수준으로 조정을 하면서 어느 정도면 무리 없이 작업이 가능한가를 생각해봅니다. 이렇게 시간을 토대로 해서 가격을 정하면 일하는 스태프들도 시간에 대한 의식을 가지고 트리밍을 할 수 있게 됩니다.

그림1 고객의 이해도와 가격의 관계

이해도=가치/가격

가격>가치	불만을 느껴 두 번 다시 방문하지 않을 가능성이 크다.
가격=가치	가격에 합당하다고는 생각하지만 재방문 하지 않을 수도 있다.
가격<가치	만족도가 매우 높아 재방문 확률이 높아진다.

매력적인 메뉴 구성을 고려하자

메뉴를 구성하는 방법에는 다음 세 가지가 있습니다. ① 견종별 메뉴, ② 연령별 메뉴, ③ 고객 성향별 메뉴입니다. 메뉴 구성의 포인트는 고객이 수긍할 만한 메뉴로 만드는 것입니다.

그림1은 고객의 이해도와 가격의 상관관계를 나타낸 것입니다. 이를 보면 고객의 이해도는 '가격'과 메뉴로 인해 얻을 수 있는 '가치'의 균형에 의해 정해집니다.

고객의 이해도가 높으면 그만큼 재방문할 확률이 높아질 것이고, 반대의 경우에는 두 번 다시 우리 매장을 찾지 않을 수도 있습니다. 고객의 이해도를 높이려면 그 수요를 충족시킬 수 있는 메뉴를 만들어야 합니다.

① 견종별 메뉴

가장 기본적인 메뉴입니다. 대부분의 애견미용실이 견종별로 요금을 설정하고 '샴푸' 또는 '샴푸+커트'와 같이 서비스 내용에 따라 2단계로 요금을 설정하고 있습니다. 여기에 5천~만 원 정도의 '옵션메뉴'를 몇 종류 플러스 한 스타일이 일반적입니다.

여기에 좀 더 특별하게 견종별로 다른 메뉴도 생각해봅니다. 예를 들어 견종에 따라 고객이 원하는 내용이 달라질 텐데, 푸들인 경우는 털의 결을 잘 살리고 폭신한 느낌을 원하는 고객이 많을 것입니다.

이런 경우에는 그림2와 같이 기본 '샴푸+커트' 코스에 중탄산 스파와 같은 옵션메뉴를 넣어 메뉴를 만들어두면 고객의 선택을 이끌어낼 수 있습니다.

이와 같이 옵션메뉴를 '샴푸+커트' 메뉴에 플러스하여 패키지 메뉴로 만들어 두면 단가를 수월하게 올릴 수 있습니다. 각 견종의 특성에 맞추어 메뉴를 만들면 고객의 이해도는 더욱 올라갈 것입니다.

② 연령별 메뉴

최근에는 반려동물도 고령화가 진행되어 7세 이상의 시니어견이 늘고 있습니다. 그러므로 시니어견을 대상으로 한 코스를 만드는 것이 시대의 흐름에 맞는 방법이라 할 수 있습니다. 시니어견은 지병이 있거나 나이가 들면서 피부 트러블이 많이 생깁니다. 그럴 때는 안티 에이징에 초점을 맞추어 메뉴를 구성한다면 참신한 메뉴를 개발할 수 있습니다.

그림2 견종별 메뉴의 일례

푸들 코스

〈푸들의 특징〉
○ 털이 엉키지 않도록 정기적으로 브러싱을 해야 합니다.
○ 털이 길어 피부병에 잘 걸리는 견종입니다. 불필요한 노폐물과 피지 제거를 위해 한 달에 한 번 정기적인 샴푸를 권합니다.

〈푸들에 대한 우리만의 노하우〉
○ 푸들은 저희 직원들도 많이 기르고 있는 견종입니다. 브러싱이 좀 더 수월해지는 커트방법도 제안하고 있으니 직원에게 문의 바랍니다.
○ 폭신한 털이 귀여운 견종입니다. 털 상태를 유지하기 위해 저희는 샴푸제도 매우 신중하게 고르고 있습니다.

코스 내용	샴푸	커트	발톱 깎기	옵션 A	옵션 B	옵션 C	
커트 & 산책 패키지	○	○	○	○	○	○	○○원
커트 코스	○	○	○				○○원
샴푸 & 산책 패키지	○		○	○	○		○○원
샴푸 코스	○						○○원

그림3은 자견용(어린 강아지) 코스의 예입니다. 일반적으로 자견용 코스가 있는 애견미용실은 드뭅니다.

실제로 성견 요금에서 ○○원 할인이라는 형태로 요금을 설정하고 있는 곳이 많습니다. 자견일 때부터 우리 매장을 찾는다면 그 후에도 계속 오실 확률이 높습니다.

③ 고객 성향별 메뉴

모든 고객이 시간이 좀 걸리더라도 '깔끔하고 아주 정성스럽게 해주길 바라는 것'은 아닙니다. '조금은 투박해도 좋으니 빨리 해주면 좋겠다'는 분도 계십니다. 이런 경우에는 제한시간 내에 가능한 코스를 만드는 것이 좋습니다. 이렇게 고객의 성향을 고려하다 보면 새로운 아이디어가 떠오를 것입니다.

그림3 연령별 메뉴의 예

이런 관점으로 메뉴를 만들면 다른 곳에는 없는 창의적인 메뉴를 만들어낼 수 있습니다. 우리만의 메뉴를 제안할 수만 있다면 고객이 그 가치를 인정해주고, 더불어 가격경쟁에서 어느 정도 자유로워질 것입니다. 그 외에도 다양한 관점이 있으니 그림4의 기타 예도 참고해보십시오.

옵션메뉴의 설정

옵션메뉴는 그 매장의 특징이 잘 드러나는 부분이므로 적극적으로 도입해 보십시오.

옵션메뉴에는 다양한 종류가 있는데, 구성을 크게 나누어보면 그림5와 같이 ① 외관, ② 미용, ③ 냄새, ④ 케어, ⑤ 설비, ⑥ 제도 이 여섯 가지로 분류할 수 있습니다.

모두 실시할 수만 있다면 고객에게 어필하기 좋겠지만 컬러링이나 중탄산 스파와 같이 비용이 드는 서비스도 있습니다. 제품을 고를 때는 품질은 물론이고, 서비스를 제공하는데 드는 소요시간과 원가를 고려해서 도입 여부와 가격을 결정합니다.

또한 최근에는 도그 마사지, 펫 아로마 테라피 등의 민간 자격증도 많이 등장하고 있습니다. 자격이 없다고 불가능한 것은 아니지만, 자격증이 있으면 옵션메뉴의 가치와 고객의 신뢰도를 높이는 데 도움이 됩니다. 이와 같이 메뉴 구성과 가격 설정은 매우 중요한 요소입니다.

'전에 있던 가게는 그랬으니까', '주변 매장이 이러니까'하고 무리하게 도입하지 말고 우리 매장의 컨셉에 맞는 메뉴를 고르도록 합니다.

그림4 메뉴 구성의 관점

① 견종
- 견종에 맞는 방법으로 해주기 바란다
- 반려견의 고민거리를 해결해 주기 바란다 등

② 연령
- 자견에 맞는 방법으로 해주기 바란다
- 시니어 견이라도 안심하고 맡길 수 있도록 해주기 바란다 등

③ 시간
- 시간을 넉넉히 들여 정성껏 해주기 바란다
- 완벽하지 않아도 좋으니 신속하게 해주기 바란다 등

④ 금액
- 비싸도 좋으니 정성껏 꼼꼼히 해주기 바란다
- 신입 트리머여도 좋으니 저렴한 것이 좋다 등

⑤ 의료
- 피부 건강에 각별히 신경 써서 해주기 바란다
- 아픈 아이도 마음 놓고 맡길 수 있는 환경에서 해주기 바란다 등

⑥ 미용
- 향이 좋은 샴푸를 사용하기 바란다
- 털이 아름다워 보이도록 해주기 바란다
- 털 뭉치가 잘 생기지 않도록 해주기 바란다 등

그림5 옵션메뉴의 종류와 구성

① 외관
- 컬러링
- 익스텐션 등

② 미용
- 머드팩
- 중탄산 스파 등

③ 냄새
- 샴푸제
- 중탄산 스파 등

④ 케어
- 양치질
- 발톱 깎기
- 항문샘 짜기 등

⑤ 설비
- 출장 서비스
- 애견호텔 등

⑥ 제도
- 트리머 지명
- 픽업 서비스 등

오픈 준비 편

상품매입과 진열의 노하우

본문에서는 상품의 매입과 진열의 포인트에 대해 알아보도록 하겠습니다. 개업하는 트리머 중에는 매장 판매 상품에도 본인만의 철학을 담고자 하는 분들이 많습니다.

취급할 상품을 결정하자

비교적 쉽게 매출을 올릴 수 있는 상품 판매는 강화하면 좋은 부분입니다. 우선은 취급할 상품을 정해보십시오. 애견미용실에서 취급하는 상품에는 사료, 간식, 샴푸, 도그웨어, 리드줄과 애견용 장난감 등의 상품 및 판매용 애완동물 등 그 종류가 다양합니다.

매장의 컨셉트에 맞추어 취급할 상품의 라인업을 정해가면 서비스에 통일감을 주기 쉽습니다. 특히 판매용 애완동물은 사육·판매 공간의 확보, 사료비 등의 제반 경비, 설명 책임 등의 수고와 비용이 들기 때문에 취급 여부는 미리미리 신중하게 검토하도록 합니다. 취급할 경우에는 애완동물 판매업으로 신고해야 합니다. 오픈 직후에는 트리밍과 운영업무만으로도 버거울 수 있으니 애완동물 판매는 매장 운영이 원활해진 후에 진행해도 좋습니다.

모든 상품은 매장의 컨셉트와 맞아야 하고 우리 매장에서만 할 수 있는 메뉴를 갖추도록 여러모로 고려해 보십시오.

상품의 매입방법

상품에 따라 매입하는 곳이 각기 다릅니다. 애견용품과 잡화를 많이 매입한다면 제조업체나 도매업체, 대리점에서 구입하는 것이 일반적입니다. 샴푸와 컨디셔너, 사료 등은 전문적으로 취급하는 업자가 있으므로 폭넓게 정보를 수집하도록 하십시오.

최근에는 인터넷이나 전문 잡지 등을 통해 상품을 매입할 수 있습니다. 또한 전시회를 찾거나 다른 애견미용실, 애견용품 매장을 돌면서 취급하려는 상품을 발견한 경우에는 태그(tag) 등에 표시되어 있는 제조업체나 판매대리점, 수입원 등을 메모해두고 나중에 연락해보는 것이 좋습니다.

그 밖에도 트위터나 페이스북과 같은 SNS와 블로그 등에 최근 유행하는 상품이 소개되어 있는 경우가 많습니다. 내 취향은 물론이고, 고객의 수요에 맞는 상품을 고려해봅니다. 다양한 방법으로 정보를 수집하면 좋은 상품을 찾아낼 확률도 높아질 것입니다.

공급업체와의 협상

취급할 상품이 결정되면 공급업체에 전화나 메일로 연락해서 매입가 등을 알아봅니다. 같은 상품이라도 업체에 따라 매입가가 다르므로 몇몇 업체로부터 견적을 받아 상품 시세를 먼저 파악해보면, 더욱 유리한 조건을 이끌어낼 수 있습니다.

이런 공급업체는 오랫동안 거래하게 되며, 정보를 교환하고 제공 받을 수 있는 파트너이므로 되도록 직접 만나보는 것이 좋습니다. 해당

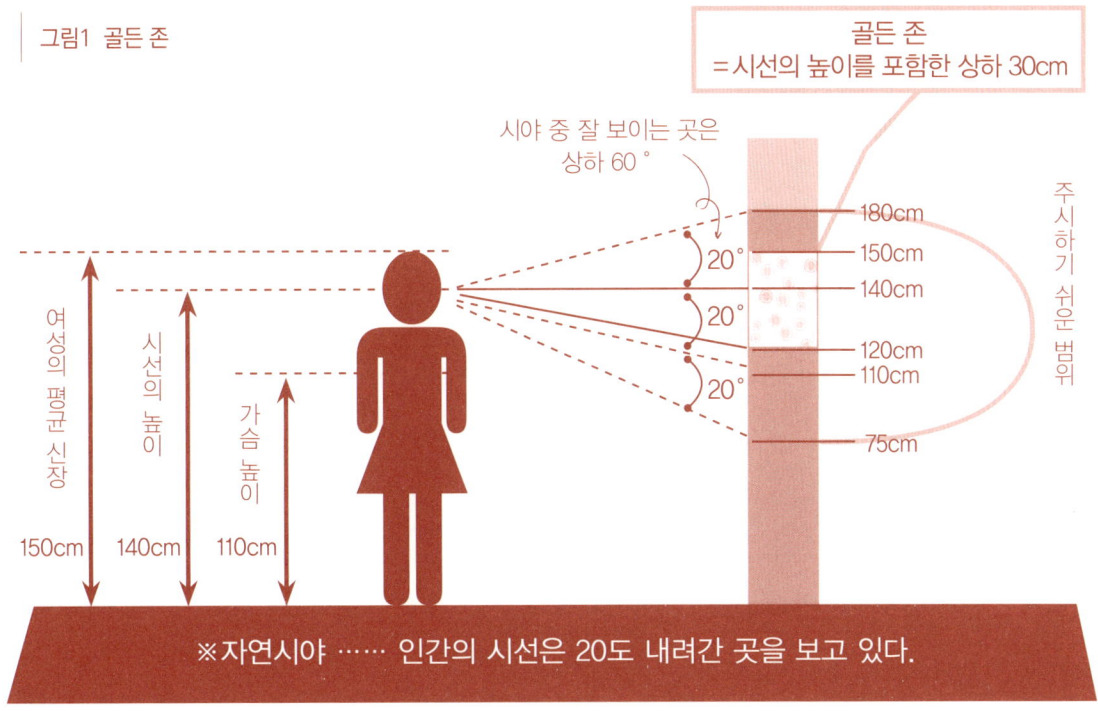

그림1 골든 존

업체와 우호적인 거래를 할 수 있는지의 여부도 업체 선정을 하는데 중요한 포인트이기 때문입니다. 가격이 조금 비싸더라도 믿을 수 있는 업체라면 거래를 해보는 것도 좋습니다.

상품 진열의 포인트

아무리 취급하는 상품이 좋아도 고객의 눈에 띄지 않으면 판매 기회를 놓치게 됩니다. 고객의 시선과 동선 등을 고려해서 상품을 진열하는 것이 효과적입니다. 진열대 높이와 동선의 특징에는 다음의 두 가지 포인트가 있습니다.

첫 번째는 고객의 눈높이입니다. 방문 고객 대부분이 여성이라는 점을 감안하면, 여성들이 보기 편한 높이에 판매하고자 하는 상품을 진열하면 눈에 잘 들어옵니다.

그림1 '골든 존'은 사람 눈에 가장 잘 들어오는 높이를 나타낸 그림입니다. 오너가 남성인 경우는 본인의 눈높이에 맞추어 상품을 진열하는 경향이 있으므로 주의가 필요합니다.

두 번째는 고객의 동선입니다. 상품 진열공간이 넓은 경우 고객은 걸어 다니면서 상품을 보게 됩니다. 사람은 걷고 있을 때 위아래의 시야가 좁아진다고 합니다. 그러므로 통로가 좁은 곳에는 상품을 적게, 통로가 넓은 곳에는 많이 진열하는 것이 효과적입니다.

넓은 공간을 확보하기 어려운 경우에는 카운터 주변에 상품을 진열하세요. 카운터는 요금 지불을 위해 고객이 반드시 들르는 장소이기 때문입니다. 예를 들어 잔돈으로도 구입할 수 있는 저가의 상품을 진열하는 것도 효과적입니다.

이렇게 매장의 컨셉트와 크기에 따라 취급할 수 있는 상품이 달라집니다. 또한 사료와 간식, 샴푸 등은 사용기한이 있으므로 재고를 줄여야 합니다. 무작정 매입하지 말고 고객의 수요와 트렌드를 잘 파악하면서 현명하게 결정합니다.

오픈 준비 편

픽업서비스를 제공할 계획이라면

일본에서는 수요 높은 서비스지만, 한국에는 거의 없는 상태이니 참고하시기 바랍니다. 고객의 집을 방문해 대상 동물을 픽업하고, 트리밍후에 다시 집까지 데려다주는 서비스입니다.

픽업서비스를 시작하기 전에

최근 픽업 서비스를 제공하는 애견미용실이 점점 일반화되는 추세이지만, 도입 여부는 신중하게 판단할 필요가 있습니다. 고객에게는 편리한 서비스이지만 매장 입장에서는 부담이 가는 서비스이기 때문입니다. 예를 들어 오너 혼자서 일하는 경우, 픽업 시간을 우선시하다 보면 예약을 많이 받지 못하게 됩니다. 또한 좁은 차 안은 매장보다 안전에 더욱 주의를 기울여야 합니다. 반면에 애견미용실에 오시기 힘든 고객이나 고령의 고객이 이용하기 편하다는 이점도 있습니다. 도입할 의사가 있다면 우선은 체제를 확실하게 정비하십시오.

이것만은 정해두자

픽업 서비스를 시작하는 경우 ①픽업 범위, ②픽업 시간, ③픽업 기준 이 세 가지는 반드시 정해두십시오.

① 픽업 범위

픽업 범위는 지역마다 다르지만, 예를 들어 '차로 15분 이내' 등 미리 기준을 정해두면 좋습니다. 이를 벗어난 경우에는 가능한 범위 내에서 개별 상담 등을 통해 결정하십시오.

② 픽업 시간

직원 수가 적을 때에는 영업에 차질이 생기지 않도록 픽업이 가능한 시간대를 미리 정해둡니다. 특히 출퇴근 시간과 겹치면 교통 정체로 인해 오픈 시간이나 다음 예약 시간에 맞추지 못할 수도 있으니 지역의 도로 사정 등도 고려해서 결정하십시오.

③ 픽업 기준

예를 들어 샴푸 코스만 이용해도 제공할 것인지, 이용금액이 일정 금액 이상인 경우에만 제공할 것인지, 아니면 어떤 기준을 충족했을 때 픽업 서비스를 제공할 것인지도 중요합니다. 그림1에 세 가지 패턴을 소개하오니 우리 매장의 컨셉트와 잘 맞는 방법을 생각해보십시오.

픽업서비스에 필요한 것

① 픽업 차량

동물은 케이지에 넣어 운반하므로 짐칸이 있는 차량이 편리합니다. 대형견이나 여러 마리를 운반할 수도 있으므로 되도록 짐칸이 넓은 차량을 선택합니다. 주택가는 좁은 골목과 일방통행인 곳이 많고 주차공

그림1 픽업서비스의 기준

	장점	단점
① 모든 고객에게	· 신규고객의 집객에 효과적이다. · 부담 없이 이용할 수 있다.	· 갑작스럽게 취소하거나 집에 없는 경우가 있다.
② 일정 금액 이상	· 단가가 상승한다. · 여러 마리를 키우는 고객이 이용하기 편리하다.	· 견종에 따라서는 메뉴 가격만으로 일정 금액을 넘지 못하는 경우도 있다.
③ 단골 고객에게만	· 고정고객으로 만들 수 있다. · 매장에 대한 만족도가 향상된다.	· 신규 고객에게 어필할 수 없다.

간이 없는 곳도 있습니다. 연비도 좋고 기동성 좋은 경차를 준비하면 여성도 쉽게 운전할 수 있습니다.

② 케이지

다양한 견종을 태우기 때문에 소형 견부터 대형 견까지 사용할 수 있는 케이지를 몇 종류 준비합니다. 케이지를 실을 때는 먼저 내리는 아이를 제일 나중에 실어 수고를 조금이라도 덜 수 있도록 합니다.

또한 케이지의 문이 차의 진행 방향에 오도록 놓습니다. 그 이유는 운전하는 직원이 백미러로 언제든지 개의 상태를 확인하기 위해서이며, 또 케이지 문이 열려 있는 상태에서 짐칸의 문을 열었을 때 도망치는 것을 방지하기 위해서입니다. 다른 개와 함께 있는 것을 싫어하거나 예민한 성격, 지병이 있을 때는 케이지에 타월을 둘러 잘 보이지 않도록 하거나 다른 개와 거리를 조금 두는 것이 좋습니다.

③ 휴대전화와 핸즈프리 마이크

매장과 고객에게 연락을 할 때 필요합니다.

④ 접착 테이프

케이지를 보강하거나 고정할 때 유용하게 쓰이는 아이템입니다. 또한 옷에 붙은 털을 떼어내는 용도로도 사용할 수 있습니다.

⑤ 탈취제

픽업차량에는 아무래도 불쾌한 냄새가 배기 쉬우므로 항상 깨끗이 청소하여 냄새를 제거해둡니다.

⑥ 청소용품

의외로 빠뜨리기 쉬운 펫 시트, 화장지, 물 등의 청소 용품입니다. 개가 차 안이나 고객의 집 앞에서 용변을 보는 경우가 있습니다. 특히 아파트로 픽업을 가는 경우에는 다른 주민에게 피해를 주지 않도록 조심하십시오.

⑦ 예비용 케이지

필요한 수보다 여유 있게 실어 두면 편리합니다. 늘 고객이 직접 케이지를 준비하지만, 고장 등으로 인해 필요해질 때가 있습니다. 또한 짐칸의 빈 공간에 빈 케이지를 놓아두면 이동 중 흔들리거나 뒤집히는 사고를 막을 수 있습니다.

픽업시 +α의 서비스를 생각한다

픽업은 고객의 자택을 방문할 수 있는 좋은 기회이기도 합니다. 그러므로 픽업 시에 한하여 상품 배송 서비스를 제공할 수도 있습니다. 요즘은 인터넷 쇼핑몰에서 상품을 구매하는 사람이 점점 늘고 있는데, 집에서 상품을 받을 수 있다는 것은 고객 입장에서는 매우 편리한 서비스입니다. 특히 나이가 많으신 고객에게 사료나 샴푸 등 무거운 물품을 픽업 시에 함께 배달해준다면 보다 효율적으로 매출을 올릴 수 있을 것입니다.

오픈 준비 편

동물병원 병설 애견미용실의 경우

동물병원에 병설된 애견미용실은 일반 애견미용실과 어떤 차이점이 있을까요? 병원과의 연계 서비스는 좋은 경쟁력이 될 것입니다.

동물병원과의 시너지 효과를 생각한다

최근에는 개업 초기부터 동물병원에 애견미용실을 병설하는 곳이 늘고 있습니다. 또한 기존의 동물병원에서는 병원 업무의 일환이었던 트리밍 부문을 독립시켜 강화하는 경우도 볼 수 있습니다.

동물병원에 애견미용실을 병설하는 이점으로는 다음 세 가지를 들 수 있습니다.

① 정기적인 방문과 질병의 조기 발견 및 치료가 가능

동물병원의 경우 정기적인 백신 접종과 검진을 제외하고는 병에 걸리지 않는 한 잘 가지 않습니다. 반면에 애견미용실은 건강한 상태에서도 방문하므로 애견미용실을 병설하면 병원을 찾는 횟수를 늘릴 수 있습니다.

또한 트리밍을 위해 애견미용실을 방문했을 때 수의사가 건강체크를 하면 질병을 조기에 발견하고 치료할 수 있습니다.

② 의료 지원과 고령화 대응

피부병 치료에 주력하고 있는 동물병원에서는 치료 지원과 증상 관리를 위해 약욕과 스킨케어 아이템을 활용하는 경우가 많습니다. 또한 고령의 동물이 증가함에 따라 오래 서 있지 못하거나 심장이나 호흡기 등이 불편한 동물도 늘고 있습니다.

이처럼 일반 애견미용실에서 꺼리는 동물도 수의사가 있다면 마음 놓고 맡길 수 있습니다. 향후 애견의 고령화로 인해 동물병원에서 트리밍 서비스를 받길 원하는 사람도 늘어날 것입니다.

③ 직원의 스킬 향상

동물 간호사 중에는 트리밍이나 그루밍에 관심을 갖는 직원도 많습니다. 반대로 수의학이나 동물 간호에 대한 지식을 쌓고 싶어 하는 트리머들도 많을 것입니다.

이와 같이 트리머로서의 식견과 활동의 폭을 넓히기 위해, 혹은 동물 간호사로서의 스킬을 향상시키기 위해서도 동물병원에 병설된 애견미용실은 매우 유익한 환경이라 할 수 있습니다.

이런 이점도 많지만 반대로 불리한 점도 있다는 것을 잊어서는 안 됩니다. 동물병원에 병설된 애견미용실에서 근무하는 직원은 업무에 대한 지식과 기술의 폭이 넓어야 한다는 점입니다. 일하는 직원 중에는 트리머 겸 동물 간호사 역할을 하는 사람도 많습니다. 그래서 특히 성수기인 연말에는 트리밍 업무에 쫓기다 보면 병원 업무에 소홀해지는 경우도 있습니다.

그림1 스킨케어 리포트

```
스킨케어 리포트                  No _____
                  님            No. _____

┌─────────────────┐   년   월   일
│                 │
│                 │   [수의사·직원 기입란]
│                 │
│      사진       │   (피부 상태에 관하여)
│                 │
│                 │   (귀 상태에 관하여)
│                 │
│                 │   (발바닥 상태에 관하여)
│                 │
│                 │   (발톱 상태에 관하여)
└─────────────────┘

┌─────────────────┐   년   월   일
│                 │
│                 │   [수의사·직원 기입란]
│                 │
│      사진       │   (피부 상태에 관하여)
│                 │
│                 │   (귀 상태에 관하여)
│                 │
│                 │   (발바닥 상태에 관하여)
│                 │
│                 │   (발톱 상태에 관하여)
└─────────────────┘

피부과 치료는 지속성이 중요합니다. 조금 나아졌다고 해서 치료를 중단하면
원래 상태로 돌아가는 경우도 있습니다. 꾸준히 치료를 받도록 하십시오.
```

애견미용실 전속 직원이 없는 경우에는 예를 들어 심장사상충 예방 시즌 등의 성수기에는 예약 건수를 조정해서 동물병원의 본질인 동물 의료에 차질이 생기지 않도록 운영하는 것이 중요합니다.

동물병원의 경영방침, 치료방침에 어긋나지는 않는지 충분히 확인한 후에 트리밍 부문을 도입·강화해나가도록 합니다.

동물병원 병설형의 차별화 전략

동물병원에 병설된 애견미용실에서는 그 특성을 살린 서비스를 제공할 수 있습니다. 두 가지 예를 소개하겠습니다.

① 스킨케어 리포트

동물병원에서 트리밍을 실시할 경우에는 '동물 의료'라는 본업에 차질이 생기지 않도록 유의해야 합니다. 일반적으로 치료와의 시너지 효과를 고려해서 서비스를 제공합니다.

일반 애견미용실과 달리 동물병원 병설 애견미용실로서 제공할 수 있는 메뉴로는 피부병 치료와 연계된 것입니다.

그림1은 애견미용실과 연계된 동물병원이 피부병 치료를 위해 통원하고 있는 애견과 관련해 작성한 스킨케어 리포트의 일례입니다. 피부병은 바로 증상이 개선되는 것이 아니라 오랜 시간에 걸쳐 서서히 낫는

경우가 많습니다. 그래서 중도에 치료를 포기하는 고객도 있습니다. 실제로는 '꽤 좋아졌는데…' 하고 아쉬워하는 수의사를 많이 봅니다.

그런 경우 매번 피부 상태를 사진으로 촬영해 치료 경과를 보여주는 방법을 사용하면 통원 치료에 대한 의욕이 높아질 것입니다. 동물병원만이 제공할 수 있는 '치료'의 개념을 활용할 수 있다면 경쟁력을 더욱 쉽게 강화할 수 있을 것입니다.

② 트리밍·애견호텔 이용 시 제공 가능한 메뉴

트리밍을 위해 머무는 동안에는 (애견호텔도 포함) 병원과 달리 스트레스를 덜 받고 자유롭게 자신의 시간을 보낼 수 있습니다. 이 '대기시간을 지루하게 보내지 않도록' 애견미용실에서 제공할 수 있는 메뉴 일람표를 만들어 제안하는 것도 효과적입니다.

그림2는 동물병원에 병설된 애견미용실이나 애견호텔에서 개를 맡을 때 가능한 사항을 일람표 형식으로 안내하는 용지입니다. 대표적인 것으로 이·진드기 예방약의 투약과 건강진단, 대변검사, 소변검사 등 평소에 하기 힘든 검사가 있습니다

발톱 깎기 등의 그루밍은 일반 애견미용실에서도 가능하지만, 이·진드기 예방약의 투약이나 각종 검사 등은 동물병원 병설형에서만 제공할 수 있는 메뉴입니다.

특히 동물병원에서 안내하는 가을철 건강진단이나 봄철 심장사상충 검사 시기에 맞추어 실시하면, 미리 예약을 받을 수 있을 것입니다.

그림2 트리밍·호텔 이용 시 제공 가능한 서비스의 안내

트리밍·호텔 이용 시의 각종 처치·검사 서비스 안내

저희 병원의 트리밍·호텔 서비스를 이용해주셔서 감사합니다.
트리밍·호텔 서비스를 이용하시는 동안 아래와 같은 서비스를 함께 받아보실 수 있습니다.

대기시간 없이 진료를 받을 수 있으니 이번 기회에 꼭 이용해 보세요.

1	그루밍 패키지 (발톱 깎기·귀 청소·항문샘 처치)	15,000원
2	이·진드기 예방	5kg 미만 ○○○원 5~10kg 미만 ○○○원 ⋮

평소 애견의 소변이나 대변을 채취하는 일은 쉽지 않습니다. 저희 병원에 있는 동안은 손쉽게 검사를 받을 수 있으니 호텔을 이용하시는 동안에 검사를 받아보시면 어떨까요?

3	대변검사	○○○원
4	소변검사	○○○원
5	기타	건강진단, 각종검사도 실시합니다.

※ 이용요금은 데리고 가실 때 정산하시면 됩니다.
※ 대변·소변검사를 신청했으나 실시하지 못했을 때는 요금이 발생하지 않습니다.
※ 주의 : 동물의 종류에 따라 이용이 불가능한 경우도 있으니 양해 바랍니다.

고객 성명 :

애완동물 이름 :   견종 :

이용기간 :   년 월 일 ~   년 월 일까지

신청일 :   년 월 일   담당 :

이용요금 :   원

4
오픈 편

이제 개업준비는 어느 정도 마무리가 되었습니다.
드디어 오픈 날을 맞아 경영이 시작됩니다.
개점 시의 포인트와 기억해 두어야 할 사항 등을 점검해서
보다 순조롭게 출발하도록 합시다.

오픈 편

오프닝 집객의 중요성

집객의 열쇠를 쥔 캠페인은 꼼꼼히 준비해야 합니다.
매장의 오픈에 맞추어 고객을 확보하십시오.

그림1 신규고객의 경향

오픈 후 3개월 간 전력투구하자

오픈 후 1년간 매장을 찾은 총 신규고객 중, 첫 3개월간 방문한 고객의 비율이 가장 높습니다. 다시 말하면 오픈 후 세 달 정도가 지나면 신규고객의 방문 비율이 줄어든다는 의미이기도 합니다.

이를 나타낸 것이 그림1입니다. 따라서 이 기간에 오신 고객에 대한 대응이 매장의 미래를 결정짓는다고 할 수 있습니다. 오프닝시의 집객 대책에 관해서는 확실하게 준비를 해두도록 합니다.

오프닝 캠페인의 홍보수단

오프닝 캠페인을 알리는데 이용되는 매체는 다양합니다. 대표적인 것으로는 ① 신문 전단지, ② 포스팅, ③ 거리에서 배포하는 전단지 등이 있습니다. 특히 ① 신문 전단지의 경우에는 전단지의 디자인 및 인쇄, 배포구역의 선정, 배포일의 결정 등 여러 가지 준비가 필요합니다. 어느 정도의 준비 기간이 필요한지 파악하고 오픈 날짜가 결정되면 그 날로부터 역산해서 준비하십시오.

② 포스팅, ③ 거리 배포용 전단지 등은 매장의 프린터로 인쇄한 것이어도 충분합니다. 포스팅은 대행업자도 있지만, 비용을 줄이기 위해 직접 해보는 것도 좋습니다. 특히 거리에서 전단지를 나눠줄 경우, 그

자리에서 기대 고객과 커뮤니케이션을 하는 계기가 될 수도 있습니다. 지역 특성을 체험한다는 의미에서도 직접 뛰어보십시오.

정보를 보완하는 홈페이지의 중요성

오프닝 캠페인을 했다고 해서 바로 매장을 찾아주는 고객은 그리 많지 않습니다. 그중에는 다른 미용실에서 트리밍을 받은 지 얼마 안 된 고객도 있을 것입니다. 이런 점도 고려하여 캠페인을 홍보할 때 고객이 직접 홈페이지를 찾아오도록 안내문에 주소를 적어두십시오.

또한 전단지 등의 종이매체는 담을 수 있는 내용에 한계가 있습니다. 지면으로 전달하지 못한 매장의 특징이나 메뉴 등을 공간에 구애받지 않고 전달할 수 있는 것이 홈페이지의 이점 중 하나입니다.

이런 점을 고려한다면 역시 홈페이지는 고품질로 만들 필요가 있습니다. 작성방법이나 활용방법에 대해서는 '홈페이지의 정비와 강화'(p80~)에서 자세히 해설했으니 참고하기 바랍니다.

마음을 사로잡는 오프닝 캠페인

오픈 시에는 기념할인으로 '첫 방문 시 50% 할인'이나 '첫 트리트먼트 무료' 등과 같은 캠페인을 하는 매장도 많습니다. 할인은 집객 효과를 높이는 이점이 있는 반면, 정착률이 낮다는 단점이 있습니다. 하지만 우선 고객이 우리 매장을 찾아주지 않으면 아무것도 시작되지 않습니다. 첫 방문에 대해서는 과감한 할인 캠페인을 기획해도 좋습니다.

다만 할인가격으로 오래 운영을 하면 고객 1인당 단가(이하 '객단가'라고 한다)가 떨어지는 원인이 될 수 있습니다. 한번 내려간 객단가는 다시 올리기 힘드므로 '대의명분'이 있는 경우에만 할인을 하도록 합니다. 여기에서 말하는 대의명분이란 '오픈 기념', '오픈 ○주년 기념', '○○도입 캠페인' 등 왜 할인을 하는지 그 이유를 붙일 수 있는 타이밍을 의미합니다.

매장을 찾은 고객에게 경품을 나눠주는 방법도 효과적입니다. 이때는 매장의 컨셉트에 맞는 아이템으로 준비해보십시오. 또한 신규고객이 입소문을 내주기 바란다면 다른 견주에게 입소문이 잘 전달되는 아이템을 나눠주는 것도 좋습니다.

오프닝 캠페인의 주의점

앞서 말했듯이 오프닝 캠페인은 매장의 미래를 좌우한다고 해도 과언이 아닌 중요한 이벤트입니다. 모처럼 우리 매장을 찾아준 고객이 서비스를 이용해보고 만족해서 돌아가기를 바랄 것입니다. 그 만족감이 바로 재방문과 입소문으로 이어질 것이므로 모든 직원이 철저히 사전준비를 하도록 합니다.

① 실제 운영처럼 시뮬레이션 해보자

오픈 전에는 안내, 전화응대, 접객, 카운슬링 등의 업무 절차에 대해 모든 직원이 확인을 합니다. 애완동물을 키우는 친구가 있다면 매장 방문을 부탁하여 역할극(Role Playing)을 해보는 방법도 효과적입니다.

또한 혼잡 시의 상황을 미리 예상하는 것도 매우 중요합니다. 바쁘다고 허둥대지 않도록 직원 간의 역할분담과 사전준비, 상품의 재고와 비품의 보관장소 등을 확인해두면 좋습니다.

② 거슬리는 부분은 개선하자

정식 오픈 전 시뮬레이션을 통해 생각지 못했던 문제점이나 우려 사항들이 나올 수가 있습니다. 오픈 당일이라면 어쩔 수 없지만, 사전에 변경이나 개선이 가능한 것이라면 미리 대응하도록 합니다.

③ 예상보다 고객이 많이 온 경우

오프닝 캠페인으로 야기되는 문제 중 하나가 '고객이 감당 못 할 정도로 한꺼번에 몰려와 부득이하게 거절해야 하는 경우'를 들 수 있습니다. 매장 입장에서는 즐거운 비명이지만, 전단지를 받고 일부러 왔는데 바쁘다는 이유로 거절을 당한 고객은 두 번 다시 오지 않습니다.

이런 상황을 피하기 위해 캠페인을 '예약제'로 운영하는 방법도 있습니다. 물론 캠페인 전단지에도 캠

페인 기간 중에는 100% 예약제'라는 문구를 넣어두도록 하십시오.(그림2)

 정원 초과로 어쩔 수 없이 그냥 가시는 고객이나 예약제라는 것을 모르고 오신 고객을 위해 자그마한 애견용품이나 케어 제품 등의 샘플을 미리 준비하여 죄송한 마음을 전달하는 것도 좋습니다. 아니면 '다음번에 오시면 +α의 서비스를 해드리겠습니다'라는 내용의 카드를 전달하는 방법도 있습니다.(그림3)

*

 오픈 후 얼마간은 우리 매장의 "신규 고객의 특징"을 고려해서 하루 수용 가능한 수를 예상합니다.

 고객이 우리 매장을 처음 찾은 경우에는 그 고객이 무엇을 원하는지, 어떤 메뉴를 이용할지 모르므로 우선 메뉴에 대해 설명하고, 충분히 카운슬링을 한 후 고객관리카드를 작성해야 합니다. 그리고 혹시나 트리밍을 싫어하는 동물이라면 평소보다 시간이 훨씬 많이 걸릴 수 있습니다.

 즉 신규고객은 재방문 고객보다 접객 소요시간이 길고 트리밍 시간도 예상하기 힘듭니다. 하지만 오픈하고 어느 정도 시간이 지나면 방문고객의 성향(이용하는 목적과 메뉴, 체류 시간 등)을 파악할 수 있으니 걱정하지 마십시오!

 오프닝 캠페인에서는 예상 범위 내에서 대책을 마련해두고 '예약제', '선착순', '부득이하게 거절할 수 있다는 점' 등을 잊지 말고 명시해두십시오.

그림2 오프닝 캠페인 전단지의 예

○● 펫 살롱
오픈 기념 캠페인
모든 견종 샴푸 50% 할인!
기간 : ○월 ○일 ~ ○월 ○일
※전화예약 접수 : ○월 ○일부터
캠페인 기간 중에는 100% 예약제입니다.

그림3 사과 카드의 예

오늘 모처럼 저희 가게를 찾아주셨는데
그냥 돌아가시게 해서 정말 죄송합니다.
사죄의 의미로 고객님께서
다음 번에 방문하셨을 때는
샴푸 50% 할인 + 트리트먼트
를 서비스로 제공하겠습니다.
너그러운 마음으로 양해 바랍니다.
○● 펫 살롱

오픈 편

몸가짐과 접객 매너

크게 좌우합니다. 호감을 주는 접객 태도로 고객의 마음을 사로잡으세요.

고객을 맞이할 때와 전화를 받을 때 당신이 상대방에게 주는 인상이 매장의 이미지를

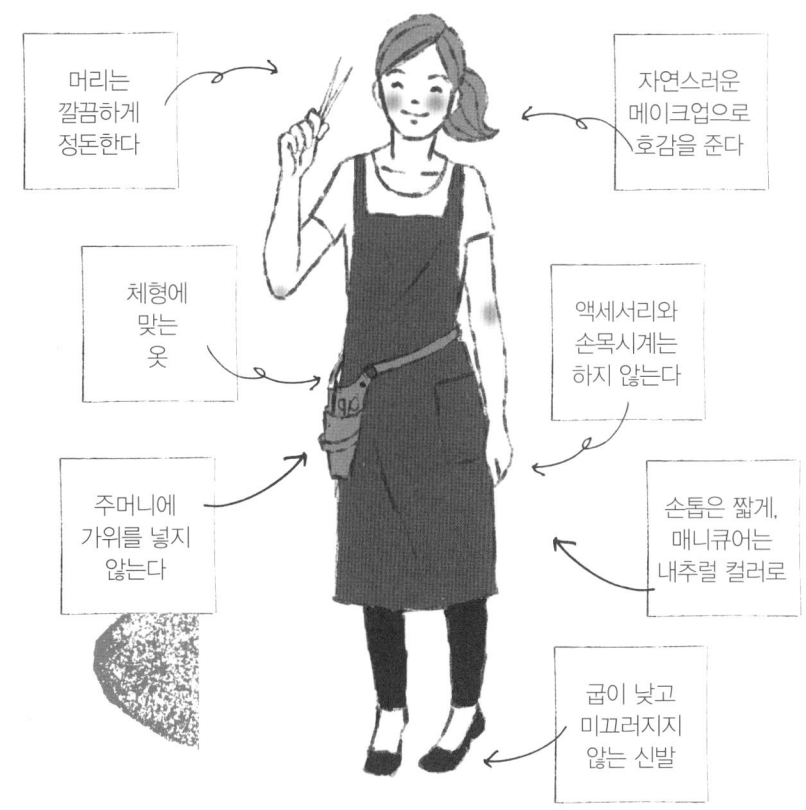

- 머리는 깔끔하게 정돈한다
- 자연스러운 메이크업으로 호감을 준다
- 체형에 맞는 옷
- 액세서리와 손목시계는 하지 않는다
- 주머니에 가위를 넣지 않는다
- 손톱은 짧게, 매니큐어는 내추럴 컬러로
- 굽이 낮고 미끄러지지 않는 신발

트리머의 몸가짐

트리머는 그 자체가 매장의 이미지로서 고객에게 각인됩니다. 단정하지 못한 복장이나 불손한 말투로 고객을 대하면 아무리 실력이 좋은 트리머가 있어도 고객의 마음은 떠납니다.

또한 트리머가 몸에 지니는 물품은 샴푸와 커트를 할 때 기능적이며, 본인과 동물에게 안전해야 한다는 관점에서 고려해야 합니다. 트리머에게 적합한 몸가짐에 대해 알아보도록 하겠습니다.

① 복장

청결한 느낌을 주는 것이 가장 중요합니다. 과도한 노출은 피하고 움직임이 편한 복장을 고릅니다. 소재나 디자인은 쉽게 세탁이나 소독이 가능한 것을 고릅니다. 또한 에이프런은 방수 재질이 적합합니다.

옷에 털이 많이 붙은 상태로 고객을 대하면 좋은 인상을 주지 못합니다. 털이 잘 붙지 않는 소재를 고르고 붙은 털을 제거한 후에 고객을 만나십시오. 신발은 굽이 낮고 잘 미끄러지지 않는 것을 고릅니다. 장시간 서서 하는 일이므로 그에 적합한 것인지 꼼꼼히 살펴보십시오.

반드시 숙지해두어야 할 접객의 ABC

기본인사		어서 오세요
		감사합니다
		잠시만 기다려주세요
		오래 기다리셨습니다
		죄송합니다
*쿠션용어	●	이름 등을 물어볼 때---실례지만
	●	이동 등을 부탁할 때---번거로우시겠지만
	●	상대방의 요구사항을 들어주기 어려울 때--- 죄송하지만, 아쉽게도
	●	양해·허가를 받아야 할 때 ---괜찮으시다면
	●	피해를 끼쳤을 때---면목 없지만
불쾌감을 주는 언행	●	부정적인 표현---안 됩니다, 없어요
	●	무책임한 표현---일단은, 아마도, 어쨌든
	●	애매모호한 표현---추후에, 얼마 안 있어서, ~쪽에서
	●	강요적인 표현--- ~은 아시죠?
	●	전문용어를 많이 쓰는 것---머즐의 모량(毛量)이~, 앵귤레이션(angulation)의 각도가~
	●	머리를 계속해서 만진다
	●	혀를 끌끌 찬다
	●	눈을 치켜뜬다
	●	얼굴을 고객 쪽으로 돌리지 않고 곁눈질을 하며 얘기한다
	●	두리번두리번거린다
	●	"네네"라고 성가시다는 듯 두 번 반복한다
	●	성의가 느껴지지 않는 사과

*쿠션용어 : 상대방에게 곤란하거나 거부감을 줄 수 있는 이야기를 전할 때 내용을 조금 완충하기 위해서 쓰는 말

② 손톱

짧게 자르고 화려한 색상의 매니큐어는 피합니다.

③ 헤어 스타일

헤어스타일과 컬러 모두 자연스러운 것이 좋습니다. 긴 머리는 뒤로 잘 묶어서 작업 중에 시야를 가리거나 인사를 했을 때 얼굴에 흘러내리지 않도록 합니다. 스카프나 삼각두건을 사용하면 머리카락에 털이 붙는 것을 막을 수 있습니다.

④ 화장, 액세서리

화장은 튀지 않는 내추럴 메이크업이 좋습니다. 귀걸이나 반지, 팔지, 목걸이, 손목시계 등의 액세서리는 하지 않는 것이 좋습니다. 털과 엉켜서 사고로 이어지는 일이 많기 때문입니다.

또한 향이 강한 향수나 헤어 스프레이는 고객이나 동물에게 불쾌감을 줄 수 있으므로 피합니다.

접객

고객이 매장 안으로 들어오면 바로 "어서 오세요" 하고 인사를 합니다. 얼굴을 아는 분이라면 "오셨어요?"라고 해도 좋습니다. 고객이 개를 안고 오셨다면 안아서 받고, 리드줄을 채우고 오셨다면 그대로 줄을 건네받습니다.

특히 대형견의 경우에는 리드줄을 꼭 잡으십시오. 그 후 건강체크를 할 때도 리드줄을 놓아서는 안 됩니다. 개를 건네받을 때는 "잘 데리고 있겠습니다"라고 인사하고 고객을 보냅니다.

고객이 개를 데리러 오셨을 때는 미리 고객관리카드와 반납할 소품 등을 준비해두십시오. 개를 케이지에서 꺼내고 완성상태가 마음에 드는지 여쭤봅니다.

계산을 할 때는 캐시 트레이, 또는 두 손으로 돈을 받고 ○만 원 받았습니다"라고 받은 돈의 액수를 확인시킵니다. 잔돈을 건넬 때도 액수가 얼마인지 알 수 있도록 소리 내어 전달합니다. 고객에게 받은 돈을 금전등록기에 넣는 것은 그다음입니다.

고객이 가실 때는 인사를 하고 멀어질 때까지 지켜봅니다.

*

이 일련의 과정은 매일 수도 없이 반복되는 일입니다. 평소 이런 대응을 유지한다면 매장의 이미지도 매우 좋아질 것입니다. 바쁘다는 이유로 무뚝뚝하게 응대를 하면 고객은 다시는 오지 않을 것입니다. 여러분이 생각하는 것 이상으로 고객은 접객 태도에 민감합니다.

전화 응대

전화 응대는 고객에게 표정이 보이지 않는 만큼 매우 중요합니다. 목소리만으로 매장의 인상을 판단할 수 있으므로 활기찬 어조로 성의 있게 응대할 수 있도록 노력하십시오. 전화 응대의 기본 포인트는 다음과 같습니다.

① 수화기 부근에 메모지를 둔다

메모지와 필기구를 항상 전화기 주변에 준비해두도록 합니다. 용건은 반드시 메모로 남깁니다.

② 수화기는 벨소리가 세 번 이상 울리기 전에 받는다

전화가 울리면 세 번 이상 울리기 전에 받습니다. 멀리 떨어진 곳에 있어 늦게 받았을 때는 "오래 기다리셨습니다"라고 반드시 한 마디 덧붙이도록 합니다.

③ 상대방이 누구인지를 밝힌다면

"매번 감사합니다"라고 인사를 합니다. 상대방이 누구인지 밝히지 않을 경우에는 "실례지만 성함을 말씀해주시겠습니까?"라고 물어 확인합니다.

④ 보류 버튼을 누른다

전화를 연결할 때나 무엇을 찾을 때는 수화기를 손으로 막지 말고 반드시 보류 버튼을 누르세요.

오픈 편

매출액과 경비 이해하기

매장의 유지는 매출과 이익을 얼마나 내느냐에 달려 있습니다. 그 구조를 자세히 살펴보겠습니다.

이익은 왜 필요한가

법인, 개인 할 것 없이 매장을 경영하면 이익을 내야만 합니다. 여기서 혼동해서는 안 되는 것이 '이익의 추구'와 '오직 돈만 벌자는 주의'는 다르다는 점입니다. '이익은 차치하고 고객이 행복하다면…'이라는 컨셉트는 언뜻 보기엔 좋지만, 경영자의 책임이라는 측면에서는 꼭 정답이라고는 할 수 없습니다.

경영자의 책임이란 사업체를 유지하는 것입니다. 이익은 매장이 항상 적절한 설비를 갖추고 새로운 생산을 위해 투자하며, 직원이 있으면 급여를 지급하여 존속해 나가는 데 필요한 것입니다. 이익이 나지 않으면 서비스의 질이 떨어지고, 결국은 고객을 만족시키지 못합니다. 그리고 만약 경영이 어려워져 매장이 문을 닫게 된다면 고객에게도 피해를 주고 사회적으로도 손실입니다.

'매출'에 관하여

이익을 내기 위해서는 먼저 '매출(매출액)'을 내야 합니다. 매출액은 '①고객 수×②방문 횟수×③단가'의 식으로 구합니다(p78의 해설도 함께 확인하세요).

경비 (총 비용) = 고정비 + 변동비

이익 = 매출액 − 경비 (총 비용)

매출액 = 고객 수×방문 횟수×단가

한계이익 = 매출액 − 변동비

변동비율(%) = 변동비 ÷ 매출액

그림1 경비·이익의 계산식

① 고객 수

고객 수는 '(신규고객 수+기존고객 수)×정착률'로 구할 수 있습니다. 고객 수는 신규고객을 늘릴 것인지, 아니면 기존고객의 재방문을 유도할 것인지에 따라 접근법이 달라집니다.

② 방문 횟수

방문 횟수는 '연간 메뉴 제공 수+기타 방문 횟수'로 구할 수 있습니다.

샴푸와 트리밍 등 주요 서비스를 목적으로 매장을 찾는 횟수를 늘릴 것인지, 아니면 사료와 애견용품 등의 구매를 위해 찾아오는 횟수를 늘릴 것인지 등, 어느 쪽에 중점을 두는지에 따라 전략이 달라집니다.

③ 단가

단가는 '단일메뉴 당 금액×항목 수'로 구할 수 있습니다. 샴푸와 커트 등 한 메뉴당 금액을 늘리는 방법과 옵션 코스와 상품 판매 등의 항목을 늘리는 방법 두 가지로 나눌 수 있습니다.

이들 세 가지 요소 중 어느 것을 늘려갈 것인가에 따라 접근법이 달라집니다. 지금 우리 매장에 필요한 것은 무엇인지 잘 생각해서 이익을 올리는 적절한 방법을 생각해봅시다.

'경비'에 관하여

다음은 매장 경영에 필요한 비용인 '경비'의 분류와 그 내용을 살펴보겠습니다.(그림1, 2)

경비는 '고정비'와 '변동비'로 분류됩니다. 결산서를 작성할 때 구별할 필요는 없지만, 매장의 이익목표를 생각할 때는 이 분류가 의미가 있으므로 잘 알아두도록 하십시오.

① 고정비

매출과 상관없이 발생하는 비용으로 집세, 인건비, 리스 요금, 차입금의 상환, 인테리어 비용과 대형 설비의 감가상각비, 광열비, 광고선전비, 교통비 등이

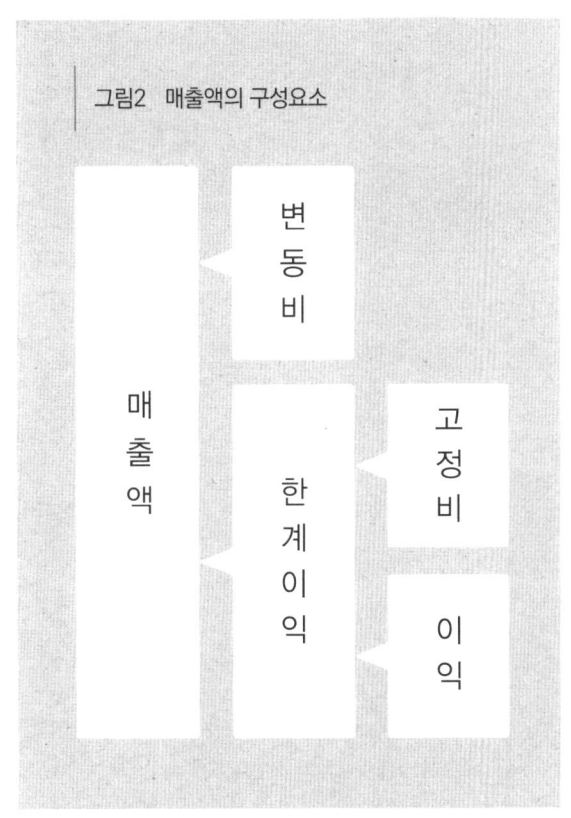

그림2 매출액의 구성요소

여기에 해당합니다.

② 변동비

매출이 늘어남에 따라 변동하는 비용입니다. 애견미용실의 경우 샴푸제와 염모제, 판매용 상품의 매입원가 등이 대표적인 예입니다. 이들은 고객 수가 늘어나면 필요에 따라 변동하므로 변동비라고 합니다.

한계이익과 변동비율

'한계이익'이란 매출에 비례해서 발생하는 이익입니다. 이는 '매출액-변동비'의 계산식으로 구할 수 있습니다. '변동비율'이란 매출액에서 차지하는 변동비의 비율로, '변동비÷매출액'의 식으로 구할 수 있습니다.

둘 다 생소한 용어지만 지금부터 설명하는 '손익분기점'을 이해하는 데 중요한 개념이니 꼭 기억해 두십시오.

오픈 편

손익분기점 이해하기

구체적으로 얼마나 매출을 올리면 이익이 나는지 적자와 흑자의 경계선을 알아보겠습니다. 그러면 가게가 매출을 올려 이익을 내지 않으면 유지되지 못한다는 점 이해하셨죠!

'손익분기점 매출액'이란?

애견미용실 A에서는 매달 건물 임대료 17만 엔, 인건비 18만 엔, 수도 광열비, 통신비 등의 경비가 매월 28만 엔이 들어갑니다. 고객 1인당 평균 단가는 5,000엔으로, 이 중 샴푸제와 염모제 등의 원가율은 10%입니다. 이런 조건일 때 A는 매달 몇 마리의 개를 맡으면 이익을 낼 수 있을까요? 마치 시험문제 같지만 수학에 자신 없는 분도 순서대로 A의 '이익이 나는 조건'을 구해봅시다.

우선 매달 나가는 고정비가 '임대료 17만 엔+인건비 18만 엔+기타 경비 28만 엔=63만 엔'입니다. 다음은 건당 한계 이익(매출에서 원가를 차감한 금액)은 5,000엔-(5,000엔×10%)=4,500엔'입니다.

이를 감안하여 매달 고정비 63만 엔을 지급하는데 몇 분의 고객이 오면 되는가를 계산하면 '63만 엔÷4,500엔=140'건이라는 것을 알 수 있습니다. 매달 140분의 고객이 오셔야 적자를 면합니다. 물론 이익은 0입니다. 이 경우의 매출액=5,000엔×140건=70만 엔(손익분기점 매출액)으로 비용을 겨우 회수할 수 있는 매출액입니다.

A는 월간 고객 수가 139건 이하면 적자, 140건이면 이익은 0, 141건 이상이면 흑자가 되는 것입니다.

'손익분기점 도표'를 만들어보자

p102에서 나온 '매출액', '변동비', '고정비', '한계이익', '변동비율'의 관계를 보면서 손익분기점 매출액을 도출하는 그림을 그려봅시다.

① 우선 도표 세로축에 '비용', 가로축에 '매출액'을 잡습니다.(그림1)
② 원점에서 대각선을 1개 그립니다. 이를 '매출액 선'이라고 합니다.(그림2)
③ '고정비'를 잡습니다. 애견미용실 A의 예, 고정비 63만 엔을 세로축 상에 잡고, 평행으로 선을 긋습니다. 이를 '고정비 선'이라고 합니다.(그림3)
④ '변동비'를 잡습니다. 변동비는 매출에 비례하여 늘어나는 비용이므로 오른쪽으로 상승하는 선을 그리게 됩니다. 이를 '변동비 선'이라고 합니다.
매출이 0일 때는 변동비도 0이므로 시작점은 매출액 선과 같이 원점입니다. A의 한 달간의 고객 수가 200건인 경우 매출액은 200×5,000엔(평균 객단가)=100만 엔, 변동비는 100만 엔×10%=10만 엔이니, 가로축의 매출 100만 엔과 세로축 10만 엔이 교차하는 곳에 점을 찍습니다. 이 점과 원점을 이은 선이 변동비 선입니다.(그림4)
⑤ 고정비와 변동비를 더한 것이 '총비용'으로 이것도 표에 적습니다. '총비용 선'이라고 합니다.(그림5)

매출액 선과 총비용 선이 만나는 곳이 '손익분기점 매출액'입니다.

애견미용실의 비용구조를 생각하면 '고정비의 비율이 높고 변동비

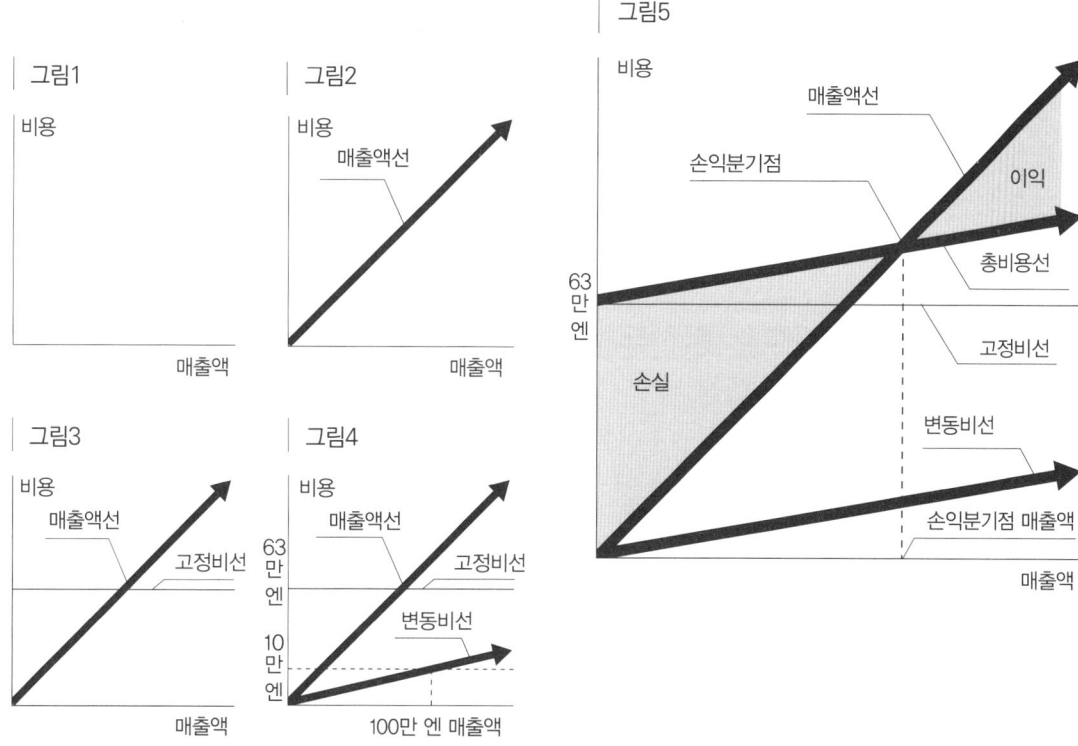

의 비율이 낮다'는 특징이 있습니다.

매출의 중심이 샴푸나 커트라면 경비의 대부분은 고정비이지만, 상품판매에 의한 매출이 큰 비율을 차지할수록 변동비의 비율이 늘어납니다.

변동비를 '매입 비용'으로 바꿔서 생각하면 이해하기 쉬울 것입니다.

손익분기점 매출액의 계산방법

그림을 그리지 않고 손익분기점 매출액을 도출하는 식은 '고정비÷한계이익률'입니다. 한계이익률은 '1-변동비율'의 식으로 구할 수 있습니다.

애견미용실 A를 예로 들면 계산식 1로 구할 수 있습니다. 이익이 0(손익분기점 매출액)이었을 때의 계산식으로 응용하면 이익을 올리는 데 필요한 매출을 산출할 수 있습니다.

애견미용실 A가 월 36만 엔의 이익을 올리는 데 필요한 매출은 계산식 2와 같습니다.

이와 같은 계산식을 이해해두면 경영상의 계획을 세우기 매우 쉬워집니다.

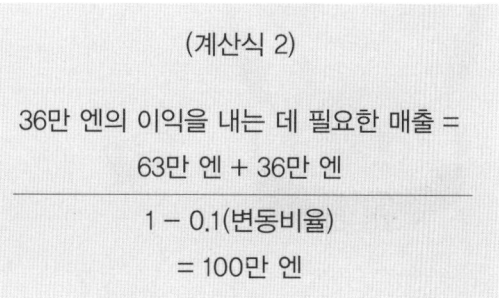

Grooming Tab
그루밍 태블릿 스파클링

사랑한다면
이제 Grooming Tab해 주세요

화학 제품인 샴푸제나 비누는 그만

Grooming Tab이 만드는 탄산온천 성분의 중탄산 이온수로
반려견의 피부를 지켜주세요!

반려견의 피부를 지켜주는 가장 좋은 방법은 화학 성분인 샴푸제와 비누를 사용하지 않고 중탄산 이온수로 깨끗하게 목욕시키는 것입니다! Grooming Tab은 수돗물을 중탄산 이온수로 바꾸어 최고급 온천수와 같은 효과를 냅니다. 샴푸제나 비누 없이도 각종 노폐물과 오염물질을 찌꺼기 없이 깨끗하게 제거하므로 반려견의 피부와 모질 관리에 매우 좋습니다. 이제 친환경적인 세정력, 중탄산 이온으로 인한 혈액순환 촉진, 스트레스 해소, 보습 효과, 부드러운 촉감 등을 체험해보세요.

Grooming Tab으로 중탄산 이온수가 만들어지는 과학적 원리

중탄산 이온과 수소 이온, 구연산의 트리플 효과

$$H_2CO_3 \rightarrow H^+ + HCO_3^-, C_6H_8O_7$$

Hot Tab은 중탄산 이온과 수소 이온에 구연산이 결합되어 탁월한 세정효과를 나타냅니다.
특히 구연산이 중탄산 이온의 흡수를 도와 피부를 효과적으로 케어하고,
중탄산 이온수의 다양한 효능을 높여줍니다.

※ 성분 : 탄산수소Na, 구연산, 탄산Na, PEG6000 / 고급 소재로 만든 안심할 수 있는 일본산 제품입니다

10정·30정·100정
Made in Japan

전용 샤워헤드로 편리하게 사용하세요!
Grooming Tab 1정을 전용 샤워헤드 안에 넣고 사용하면 녹기 시작한 고농도 중탄산 이온이 샤워 노즐에서 확실하게 방사됩니다.
투명한 샤워헤드는 방탄유리 소재로 제작되어 웬만한 충격에도 손상이 없고 안전합니다.

냄새 케어
모질 케어
건강 케어

OEM 주문 가능

에프이코스메틱(주) 서울 서초구 강남대로 95길 66 TEL : 02-545-2690~1 FAX : 02-545-3564 E-mail : khsa-morris@hanmail.net
반려동물 전문쇼핑몰·전시장 · 충북 음성군 감곡면 행군이길 171-47 Website : www.petsalon.co.kr

5
매출 성장 편

개업을 하고 어느 정도 시간이 지나면
매출 성장을 위해 다양한 시도를 하게 됩니다.
사업체를 오래 운영할 수 있도록
매장의 개성을 살리면서 차근차근 추진하도록 합니다.

매출 성장 편

경영패턴 파악하기

오픈하고 1년이 지나면 매출과 고객 수의 전년 대비라는 개념이 생깁니다.

경영 현황에 맞추어 매장이 오래 유지되도록 대책을 세우십시오.

1년이 지나면 전년 대비의 증감률이 보인다

애견미용실을 오픈하고 1년 이상이 지나면 갓 시작했을 무렵에는 없던 경영상의 현상이 많이 발생하게 됩니다.

개업 후 첫 1년 동안은 정신없이 일에만 매진하게 됩니다. 갓 오픈한 매장에는 '전년도(前年度)'가 없기 때문에 비교 대상이 없습니다. 그래서 지금 상태가 좋은지 나쁜지 판단이 잘 서지 않는 상태에서 매일 열심히 고객을 받습니다.

하지만 오픈하고 2년이 지나면 비교 가능한 경영 데이터가 쌓여 '전년 대비'가 분명하게 드러나게 됩니다. 작년에 비해 매출이 올랐다, 내렸다 하며 일희일비하는 일이 많습니다.

경영은 '올해는 어떤 추세인가?'를 확실하게 파악하고, 그 대안을 생각하는 것이 발전의 포인트입니다. 매출이 오르거나 내려갔을 때 '미래를 내다보는 대처가 가능한지'가 당신의 매장을 존속시키는 데 있어 가장 중요합니다.

원인을 찾아내어 효과적인 대책을 세운다

매출이 올랐거나 줄었을 때 그 이유를 정리해서 생각해봅니다. 원인도 모르는 상태에서 무작정 노력만 하는 것보다 훨씬 효과적입니다.

예를 들어 신규고객이 줄어 작년보다 매출이 떨어졌을 때, 매장을 찾은 고객에게 상품을 팔아 매출을 회복하는 데는 한계가 있습니다. 이런 경우에는 우선 '신규고객'을 더 확보해야 하는 것을 알게 되지만, 신규고객이 계속 감소하고 있는 것 자체를 모르고 있다면 어떻게 될까요? 매출이 떨어진 원인을 정확히 파악하여 적절한 대책을 세우십시오.

경영의 27가지 패턴

그렇다면 경영에는 어떤 패턴이 있을까요? 먼저 다음 세 가지 관점에서 살펴보는 것이 중요합니다.

① 신규고객
② 재방문 고객 (리피터)
③ 객단가 (고객 1인당 평균 매입액)

이 관점에서 보면 경영패턴은 약 27가지입니다. 매장의 경영을 발전시키기 위해서는 이 패턴을 이해하고 각 패턴에 맞게 대처하는 것이 가장 효율적인 방법입니다.

매장의 매출이 떨어지면 일단 '요금을 내려서 신규고객을 유치'하려는 사람이 많습니다. 가격 인하는 고객이 있는 상황에서는 전혀 문제가 되지 않지만, 방문객 수도 감소했는데 거기에 가격까지 내리면 결과적

세 가지 관점으로 보는 27가지 경영 패턴 (p111~113)

1
- 신규고객 ↑
- 재방문고객 ↑
- 객단가 ↑

세 가지 다 상승하고 있는 상태로 이 때 필요한 것은 조직화이다. 지금은 상승하고 있지만 언젠가 이 중 어느 요소가 하강할 가능성이 있으므로, 그것을 극복하기 위한 강력한 조직체계가 필요하다. 우수한 인재를 채용하여 교육을 통해 레벨 업을 도모한다.

2
- 신규고객 ↑
- 재방문고객 ↑
- 객단가 →

고객 수가 안정된 상태. 방문객 수가 늘어나 줄고 있던 객단가가 일정수준을 유지하게 되었다. 규모의 확장과 업태 추가를 통해 확대노선을 도모한다. 객단가를 향상시키기 위한 투자를 검토한다.

3
- 신규고객 ↑
- 재방문고객 ↑
- 객단가 ↓

방문객 수를 늘리는 방안이 성공한 단계. 매장 방문을 촉진하기 위해 단가가 낮은 메뉴를 늘려 객단가가 떨어지는 경우가 많다. 이런 상태에서는 방문객 수를 늘리는 방안을 고수한다. 또한 서비스 역량을 강화하여 '고객이 선택하는 매장'으로 거듭날 필요가 있다.

4
- 신규고객 →
- 재방문고객 ↑
- 객단가 ↑

신규고객의 개척이 일정 수준을 유지하는 상태. 재방문 고객(정착률)이 늘어 매장의 지지자가 늘고 있고, 제안력이 높아 객단가의 향상을 실현했다. 이 상태에서는 신규고객을 늘릴 필요가 있다.

5
- 신규고객 →
- 재방문고객 ↑
- 객단가 →

재방문 고객 수가 늘고 있는 상태. 제안력이 향상되어 고객이 꾸준히 정착하고 있다. 이 때는 재방문 고객의 입소문을 통해 신규고객 개척을 경영의 중심축으로 삼는 전략이 필요하다. 또한 이를 뒷받침하기 위해 광고 선전에 조금씩 힘을 쏟아야 한다.

6
- 신규고객 →
- 재방문고객 ↑
- 객단가 ↓

일정 수준의 신규고객을 확보했지만 재방문 고객을 지나치게 중시한 나머지 신규고객 개척을 소홀히 하는 경우가 있다. 대응력을 강화하여 신규고객 개척에도 힘을 쏟는다. 신규고객에 대응하다 보면 객단가가 떨어지는 경우도 있지만 이는 일시적인 현상이다.

7
- 신규고객 ↓
- 재방문고객 ↑
- 객단가 ↑

제안력이 높아 매출이 늘고 있을 때 일어나기 쉬운 상태. 매장의 정착력과 제안력을 과대평가 하여 신규고객 개척을 소홀히 할 우려가 있다. 재방문 고객의 입소문을 통해 신규고객 개척을 전략으로 내세우고, 이를 촉진하기 위하여 광고 선전에 주력한다.

8
- 신규고객 ↓
- 재방문고객 ↑
- 객단가 →

고객 정착을 위한 대응이 성공을 거두고 있는 상태. 신규와 재방문을 합산하여 재방문 고객의 수가 신규고객의 수보다 높다면 객단가의 향상 및 신규고객 개척을 위한 방안을 실시한다. 신규고객의 감소 폭이 높다면 신규고객 개척 방안을 우선시해야 한다.

9
- 신규고객 ↓
- 재방문고객 ↑
- 객단가 ↓

재방문 고객에 대한 제안력이 높은 상태. 신규고객 개척 방안을 중시한다. 객단가를 향상시키는 데는 시간이 걸리므로 우선은 신규고객 개척을 통해 매출 향상을 도모한다. 그 후 재방문 고객에 대한 제안력을 높여 '단골 고객화'를 목표로 한다.

으로 경영이 힘들어집니다.

요인 분석 후 접근법으로

위 표에 신규고객, 재방문 고객, 객단가라는 세 가지 관점으로 본 27가지 경영 패턴을 각각 정리했습니다(단 이는 어디까지나 '추세'이지 모든 것이 여기에 해당되는 것은 아닙니다. 또한 상승률과 하락률은 고려하지 않았습니다). 또한 각 경영 패턴의 문제점과 앞으로 지향해야 할 방향성 등도 해설했습니다.

패턴은 다양하지만 매출이 떨어질 때는 18~27의 패턴이 적용됩니다. 복합적인 요인으로 인해 매출이 떨어지는 경우가 많으므로 대책에 우선순위를 정하는 것은 어렵습니다.

단번에 역전을 노리지 말고 매출 하락 요인을 하나씩 찾아가며 '나의 능력에 맞는' 범위에서 차근차근 해결해나가는 것이 실적을 회복시키는 가장 빠른 지름길입니다.

10	신규고객 ↑ / 재방문고객 → / 객단가 ↑

신규고객의 개척이 이어지고 있는 상태. 또한 매장을 찾은 김에 상품도 구매하여 객단가도 상승하고 있다. 후속 DM 등을 통해 재방문을 촉구함과 동시에 신규고객에 대한 대응력을 강화하여 정착 및 재방문에 힘쓴다.

11	신규고객 ↑ / 재방문고객 → / 객단가 →

신규고객 개척을 실시하여 효과를 보기 시작한 단계. 이 단계에서는 개척을 지속한다. 그 후 대응력 강화를 통해 재방문 고객을 늘린다. 그 후 객단가가 내려가는 경우가 많지만, 이를 두려워하지 말고 재방문 고객을 늘리는데 주력해야 한다.

12	신규고객 ↑ / 재방문고객 → / 객단가 ↓

신규고객 수가 늘면 이런 상태로 되기 쉽다. 특별히 객단가를 높이려고 하지 말고 재방문 고객의 수를 늘려 정착시키는데 주력한다. 신규고객과 재방문 고객 수를 늘리는 것이 중요 과제이다.

13	신규고객 ↓ / 재방문고객 → / 객단가 ↑

방문객 수가 그리 늘지 않았는데 매출이 느는 현상이 나오기도 해 위기의식이 희박해지기 쉬운 상태라 할 수 있다. 매출이 오른 이유는 상품판매 때문이라는 점을 잊지 말고, 신규고객 확보를 중심 전략으로 내세울 필요가 있다.

14	신규고객 ↓ / 재방문고객 → / 객단가 →

매출이 소폭 감소하는 추세. 방문객 수의 감소폭이 작아 신규고객이 적은 것을 눈치채지 못하는 경우가 있다. 신규고객 개척을 위한 광고선전을 중시한다. 신규고객이 확보되면 정착도 쉽고 재방문 고객이 늘어날 가능성도 높다.

15	신규고객 ↓ / 재방문고객 → / 객단가 ↓

이 상태에서 신규고객의 감소율과 객단가의 하락률이 낮으면 위기의식을 느끼지 않아도 되지만 앞으로 고객의 선택을 받지 못할 위험성이 있다. 객단가의 하락률을 보고 정착률의 향상을 도모할 것인지, 신규고객의 확보를 중시할 것인지를 검토한다.

16	신규고객 → / 재방문고객 → / 객단가 ↑

매출이 일정하게 늘어나는 상태. 하지만 객단가의 변동은 외적 환경(예를 들어 경쟁업소의 폐점 등)의 영향이 큰 경우가 많다. 이 상태에서는 시간적, 금전적으로 여유가 있으므로 신규고객과 재방문 고객을 모두 올리는 방안을 병행할 수 있다.

17	신규고객 → / 재방문고객 → / 객단가 →

전년 대비 변화가 없는 상태. 이 상태가 이어지면 경쟁업소의 증가와 반려동물의 사육 수 감소 등의 영향으로 매출이 떨어질 가능성이 높다. 이 상태에서는 어느 요소를 끌어올릴 것인지 선택할 수 있다.

18	신규고객 → / 재방문고객 → / 객단가 ↓

외적 환경의 영향으로 객단가가 떨어지고 있다고 볼 수 있다. 변심한 고객의 마음을 단시간에 되돌리는 것은 불가능하므로 신규고객을 개척하여 우리 매장의 열렬한 지지자로 만드는 방안을 검토하는 것이 중요하다.

경영 접근법의 예

우리 매장의 경영패턴을 파악했다면 구체적으로 어떤 대책을 취하면 좋을까요? 다음은 그 예를 살펴보기로 하겠습니다.

● **신규고객이 줄고 있다**
→ 전단지 포스팅으로 신규고객을 늘린다

신규고객을 확보할 필요가 있는 경우에는 매장의 존재를 알려 방문을 촉진해야 합니다. 판촉 매체에는 다양한 종류가 있지만 그 중 비용 대비 효과가 가장 높은 것이 전단지입니다. 작성방법과 포스팅의 포인트는 오픈 시와 동일합니다.

● **재방문 고객이 줄고 있다**
→ DM으로 재방문을 유도한다

한 번 매장을 찾았던 고객이 다시 방문하도록 하기 위해서는 '계속해서 매장에 오도록 유도하는 장치'가 필요합니다. 또한 우리 매장을 보다 적극적으로 알리기 위해 감사카드와 생일카드를 보내는 등 커뮤니케

19	신규고객 ↑ 재방문고객 ↓ 객단가 ↑	20	신규고객 ↑ 재방문고객 ↓ 객단가 →	21	신규고객 ↑ 재방문고객 ↓ 객단가 ↓
	신규고객 수, 객단가의 증가율, 재방문 고객 수의 하락율에 따라 다르겠지만, 이 상태로는 매출이 떨어질 가능성이 높다. 신규와 재방문 고객 수의 하락률이 크면 재방문 고객을 중시한다. 객단가가 떨어질 가능성도 있지만 이는 일시적인 현상이다.		재방문 고객이 줄어든 상태. 이 상태에서는 매출이 떨어지는 경우가 많으므로 위기의식을 갖는다. 재방문 비율을 높이는 메뉴 구성과 기획 등을 통해 고객 수를 늘리는 것이 우선이다.		신규고객이 오지만 우리 매장에 정착하지 않고 그 후 다른 매장으로 옮겨가는 경우가 많다. 신규 고객에 대한 대응을 중시하는 것이 무엇보다 중요하다. 그 후 재방문 고객 수를 늘리는 방안을 검토한다.

22	신규고객 → 재방문고객 ↓ 객단가 ↑	23	신규고객 → 재방문고객 ↓ 객단가 →	24	신규고객 → 재방문고객 ↓ 객단가 ↓
	신규고객 수는 일정 수준을 유지하고 있다. 이 경우에는 신규고객의 확보를 우선한다. 그리고 신규고객에서 재방문 고객으로 정착할 수 있도록 대응력을 강화하면 단기간에 실적이 향상되기 쉽다. 그 후 재방문 고객 수를 늘리는 방안을 실시한다.		일정 수준의 신규고객 수를 확보하고 있다. 단 객단가가 떨어지는 경우가 많으므로 신규와 재방문 고객 수를 동시에 늘리는 방안을 강구한다. 신규고객의 개척과 대응력 강화를 통한 재방문 비율의 향상. 이를 위한 기획 등을 동시에 진행한다.		신규고객 수와 재방문 고객 수의 합계가 줄어들고 있는 경우, 일단 방문객 수를 늘리기 위해 신규고객 개척과 재방문 고객 수를 늘리는 방안을 실시한다. 그리고 객단가가 줄어든 이유를 찾아낸다. 가격인하가 원인이라면 가격을 인상한다.

25	신규고객 ↓ 재방문고객 ↓ 객단가 ↑	26	신규고객 ↓ 재방문고객 ↓ 객단가 →	27	신규고객 ↓ 재방문고객 ↓ 객단가 ↓
	이 상태에서는 매출이 늘고 있는 경우가 있어 눈치를 채지 못하는 경우도 있지만 우선은 신규고객 수를 늘리는데 역점을 두고 광고 선전을 강화한다. 그 후 방문객 수를 늘리는 방안을 실시하여 정착률·가동률을 향상시킨다.		신규고객 수의 향상을 중시한다. 신규고객의 정착과 재방문 비율을 늘린다. 객단가가 떨어지지 않을까 신경 쓰일 수 있지만, 객단가 하락을 전제로 고객 수를 늘리는 방안을 실시하는 것이 성공하기 쉽다.		신규고객 수와 재방문 고객 수의 향상을 병행한다. 경영에 시간과 노력을 투자하지 않으면 실적은 계속해서 떨어진다. 신규고객 확보·정착·재방문 비율 향상·객단가 향상이라는 사이클을 단기간에, 되도록 여러 번 회전시키는 방안을 실시한다.

이션을 지속적으로 해야 합니다. 이 경우 비용 대비 효과를 생각하면 DM이 가장 적합합니다.

*

한 번 오너가 되면 '사업체의 경영'은 당신이 영원히 짊어져야 할 사명입니다. 경영 상황은 외적 환경과 내적 사정으로 좋게도, 나쁘게도 바뀔 수 있습니다. 어떠한 변화에도 흔들리지 않는 굳건한 사업체가 될 수 있도록 당신의 매장을 잘 성장시켜 나가야 합니다.

이를 위해서는 문제가 일어났을 때 그 요인을 파악하고, 개선안을 검토하고 실행하는 것이 중요합니다. 다만 요인을 파악하는 데 시간이 오래 걸릴 것 같으면 우선 해야 할 일을 먼저 생각해보는 것이 중요합니다. 경영자가 범하기 쉬운 실수는 '왜 매출이 떨어졌는가?'라는 원인에 집착한 나머지 다음에 실행해야 할 행동이 늦어지는 것입니다.

회사와 매장은 살아있는 생물체입니다. 나의 분신이라고 생각하고 착실하고 소중하게 키워나갑시다.

매출 성장 편

재방문 비율을 높이는 방법

한 번 찾아온 고객이 우리 매장을 다시 찾도록 하기 위해서는 어떤 접근법이 필요할까요? 공략하고자 하는 고객의 유형별로 방법을 설명하겠습니다.

기존고객의 재방문을 유도하려면

신규고객 확보를 위해 드는 비용과 기존고객의 재방문을 유도하는 데 드는 비용을 비교하면 어느 정도 차이가 날까요? 일반적으로는 신규고객 확보에 드는 비용이 기존고객을 유지하는 비용보다 5배~10배 정도가 더 든다고 합니다. 그러므로 오픈 후 어느 정도 시간이 지나면 신규고객의 확보는 물론이고, 기존고객이 우리 매장을 계속 찾도록 하는 노력이 필요합니다. 우리 매장을 방문한 적이 있는 고객 중에는 '몇 년째 오시는 단골 고객', '1년에 한 번 정도 오시는 고객', '신규로 온 지 얼마 안 된 고객', '예전에는 자주 왔는데 최근에는 발길이 뜸해진 고객' 등 다양할 것입니다.

단골고객과 신규고객 중 어느 고객이 재방문할 가능성이 높을까요? 물론 단골고객입니다. 이유는 그동안 쌓아온 관계성이 있기 때문입니다. 즉 고정 고객화·재방문화란 '고객과의 관계를 어떻게 구축해나갈 것인가'를 생각해보는 작업이라고 할 수 있습니다. 그렇다면 어떤 고객에게 어떤 전략을 취하면 좋은 관계를 구축할 수 있을까요? 우선은 고객을 우리 매장과의 관계성에 따라 분류하는 일부터 시작해 봅시다.

고객 피라미드를 이해해보자

우리 매장과의 관계성에 따라 고객을 계층별로 나눈 것이 고객 피라미드(그림1)입니다. 하나씩 살펴보겠습니다.

① 열성 팬

우리 매장에 몇 년째 오고 계시거나 지속적으로 다니시는 이른바 '단골손님'입니다. 우리 매장을 다른 사람들에게 적극적으로 소개해주는 분들이기도 하죠!

② 친분이 있는 고객

우리 매장에 오시지만 방문 빈도가 그리 높지 않은 층입니다. 매장에

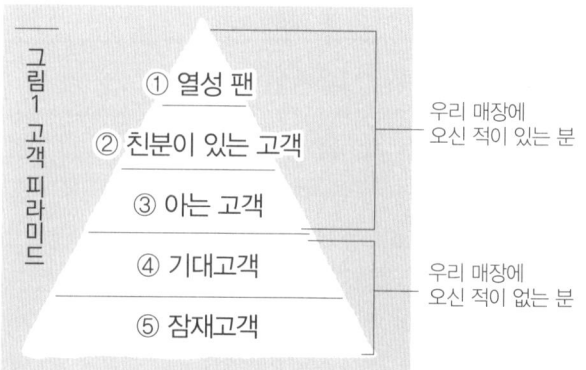

그림1 고객 피라미드

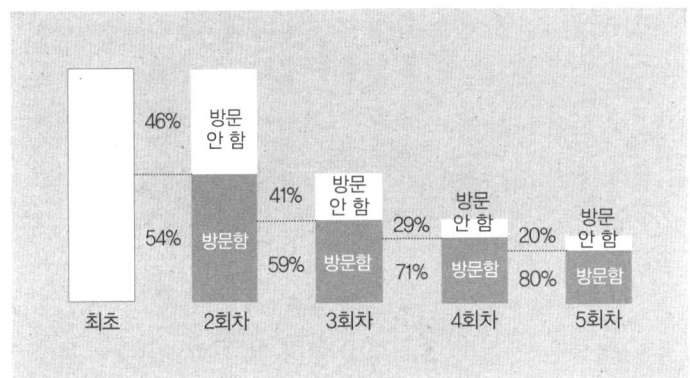

그림2 고객의 재방문 비율

방문한 횟수가 대략 3~10회 정도라면 이 계층으로 분류합니다. 이름과 얼굴이 매치되는 고객이라고 보면 되겠습니다.

③ 아는 고객

우리 매장에 오신지 얼마 안 된 고객, 몇 년 만에 오신 고객이 이 층에 속합니다. 기준은 매장 방문 횟수가 3회 정도인 고객입니다. 본 적은 있지만 얼굴과 이름이 잘 매치되지 않는 고객이라고 생각하면 됩니다.

④ 기대고객

아직 매장에 오신 적은 없지만 우리 고객으로부터 가게 이야기를 듣고 있어 추후 방문할 가능성이 있는 분들입니다.

⑤ 잠재고객

아직 매장에 오신 적이 없는, 즉 매장의 존재를 전혀 모르는 분들입니다.

재방문화·고정고객화는 당연히 매장에 오신 적이 있는 고객 ①~③이 대상이지만, 고객 피라미드 전체를 파악하기 위해 아직 방문 경험이 없는 ④~⑤의 계층에 대해서도 간단히 살펴보겠습니다. ④~⑤의 계층에 대해서는 p98에서 해설한 신규고객의 방문을 유도하는 방안을 통해 우리 매장의 정보를 알립시다.

*

재방문화·고정고객화를 위해서는 '③ 아는 고객'에서 '② 친분이 있는 고객'으로, '② 친분이 있는 고객'에서 '① 열성 팬'으로 한 단계씩 계층을 높여나가는 노력이 중요합니다. 그럼 그 방법에 대해 순서대로 설명하겠습니다.

고객의 스텝업

● '③ 아는 고객'에서 '② 친분이 있는 고객'으로 끌어올리기 위해

그림2는 어느 애견미용실에서 과거 1년 동안 신규 방문한 고객이 그 후 어느 정도 재방문을 하는지 조사한 결과입니다. 이 조사에서 주목하고자 하는 것은 첫 방문에서 3회차 방문까지는 다음 방문으로 이어질 확률이 50%대인 데 비해, 3회차 방문 이후에는 70~80%로 수치가 높아졌다는 점입니다.

즉 첫 방문에서 3회까지 방문하면 그 후로는 지속적으로 우리 매장을 찾을 확률이 매우 높아진다는 의미입니다. 재방문화·고정고객화의 최대의 포인트는 여기에 있습니다. 우선 세 번은 우리 매장을 찾도록 하는 데 집중하십시오.

① 고객의 기대치를 파악한다

3회차 방문까지 유도하는데 중요한 것은 첫 방문 시에 해당 고객이 우리 매장에 거는 기대치를 알아내는 것입니다. 여러분도 처음 방문 후 또 찾을지는 첫인상에 달려 있다는 것을 잘 아실 것입니다.

즉 가본 후의 소감·평가가 고객이 바라던 기대치를 넘었을 때(기대 이상) 또는 동등한 경우(기대했던 대로)일

때 재방문 할 가능성이 높습니다. 반면에 기대치에 못 미친 경우는 재방문할 가능성이 낮아집니다.

고객의 기대치를 알아내는 방법에는 몇 가지가 있는데, 가장 간단한 방법은 신규고객에게 관리카드를 기입하게 할 때 '우리 매장을 어떻게 알게 되었는가?'라는 설문을 하는 것입니다.

누군가로부터 소개를 받고 오셨다면 어떤 내용의 소개를 받았는지도 물어보세요. 그런 정보가 바로 고객이 우리 매장에 기대하는 내용이라고 생각하면 됩니다. 홈페이지를 보고 오셨다면 홈페이지에 적혀 있는 것이 고객의 기대치라고 생각하면 됩니다.

여담이지만 홈페이지에 적힌 내용을 직원들이 제대로 숙지하지 못하고 있는 경우가 있습니다. 고객은 '홈페이지에 적힌 것은 당연히 해주겠지'라고 생각하고 있을 것입니다. 그러므로 홈페이지에 적힌 내용은 반드시 모든 직원이 잘 알고 있어야 합니다.

매장을 찾은 고객은 이렇게 어떤 정보를 얻고, 그것을 기대하고 오는 경우가 대부분입니다. 어떤 정보를 보고 오셨는지를 알면 그 고객의 기대치를 충족시키기가 훨씬 수월합니다.

② 우리 매장의 존재를 상기시킨다

고객에게 기대치 이상의 서비스를 제공했다고 해서 다음에 또 오신다는 보장은 없습니다. 어디까지나 가능성이 높아진다는 것입니다. 그 가능성을 더욱 높이기 위해서는 고객에게 우리 매장의 존재를 다시 상기시키는 타이밍을 만들어야 합니다.

여기에서 꼭 알아두어야 하는 것이 아무리 좋은 서비스를 제공하고, 원하던 스타일이 나와도 두 번째 방문을 하지 않는 이유가 있다는 점입니다. 그 이유는 단순히 우리 매장의 존재를 잊었기 때문입니다.

특히 트리밍 업계는 방문 빈도가 두 세 달에 한 번이 일반적입니다. 견종에 따라서는 반년에 한 번, 일 년에 한 번인 경우도 있습니다. 첫 방문에서 2회차 방문까지 이렇게 시간이 걸린다는 점을 감안하면 우리 매장의 존재를 잊어버리는 것은 어찌 보면 당연한 일이라고 할 수 있습니다.

한 심리학자의 조사결과에 따르면 사람은 하루가 지나면 전날 기억의 80%를 망각한다고 합니다. 하루

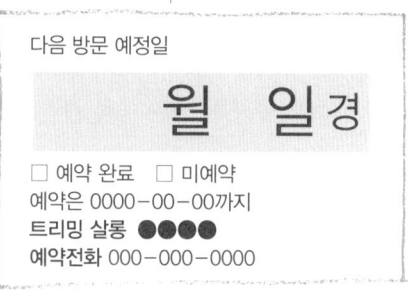

그림3 다음 예약일 카드

에 80%이니 서너 달 후면 거의 남지 않는다는 의미입니다. 그러므로 우리 매장에 대한 기억을 상기시키는 노력이 얼마나 중요한지 알았을 것입니다. 구체적인 활동의 예를 소개하겠습니다.

1) 다음 예약일(대략적 기준일) 카드(그림3)

예약일 또는 다음 방문 예정일을 기입해 손님께 건네는 카드입니다. 보관하기 쉽도록 명함 사이즈로 만듭니다. 계산 시에 다음 예약을 받으면 좋겠지만 연말 등 성수기를 제외하고는 좀처럼 사전예약을 받기 어렵습니다. 이럴 때는 대략적인 예정일을 기입해 다음 방문에 대한 인상을 심어주도록 합니다.

2) 감사카드(그림4)

감사카드는 매장을 방문해주신 분들께 보내는 감사의 DM입니다. 매장 방문 후 3일 이내에 도착하도록 보내며, 3회차 방문까지 매번 보내는 것이 좋습니다. 첫 방문 시에 감사카드를 보내는 매장은 많아도 3회차 방문까지 보내는 곳은 드물기 때문에 번거롭더라도 정성을 다하여 재방문을 유도하십시오.

첫 방문 시에는 '방문에 대한 감사의 뜻', 2·3회차 방문 시에는 '우리 매장의 컨셉트' 등 전달하는 내용에 변화를 주면 같은 감사카드지만 받았을 때의 느낌이 많이 다릅니다. 또한 카드에 기재했던 예약일(대략적 기준일)도 함께 보내면 더욱 효과적이겠죠!

● '② 친분이 있는 고객'에서 '① 열성 팬'으로 끌어올리기 위해

친분이 있는 고객의 단계에 들어서면 고정고객으

그림4 감사카드의 예

로 만드는 데 어느 정도 성공했다고 할 수 있습니다. 하지만 이 단계에서 만족하지 말고 고객이 다음 단계로 오를 수 있도록 고객과의 관계성을 돈독히 해 나가야 합니다. 관계성에는 ①고객과 매장, ②고객과 트리머, ③동물과 트리머 이 세 가지가 있습니다. 각 관계성을 확인해보도록 하겠습니다.

① 고객과 매장

고객과 매장이 좀 더 깊은 관계성을 맺기 위해서는 매장에서 하는 기획 등에 고객의 의견을 반영하거나, 오프라인 미팅 등 고객 참가형 이벤트에 적극적으로 참가하도록 유도하는 등 고객을 매장 운영에 동참시키면 좋습니다.

② 고객과 트리머

아무리 기술이 좋고, 매장 분위기가 좋아도 결국 중요한 것은 인간관계입니다. 애견미용실에서는 고객과 접하는 시간이 매우 짧습니다. 제한된 시간 내에 효과적으로 관계성을 구축하기 위해서는 고객의 정보를 모든 직원이 공유하고 있는 것이 중요합니다.

고객에게 트리머의 존재를 각인시키고, 특별히 신경을 써준다는 인상을 주도록 노력합니다. 동물 뿐만 아니라 고객관리카드(p68~69)를 만들어 대화 중에 나오는 가족 구성원이나 취미 등을 메모해 두는 곳도 있습니다. 또한 고객에 대한 정보를 얻으려면 트리머도 자신의 정보를 공개해야 합니다. 카운터에서 본인 소개를 하거나 명함을 건네 자신을 어필하는 행동도 중요합니다.

③ 동물과 트리머

의외로 간과하기 쉬운 것이 동물과 트리머의 관계성입니다. 이는 소위 '궁합'이라는 말로 표현할 수 있는데, 단골고객 중에는 "우리 아이가 ●●씨를 너무 좋아해요"라고 말하는 분도 계실 것입니다.

동물의 성격과 견종을 고려해서 트리머를 대응시키는 곳도 있습니다. 그러면 트리밍 시간이 훨씬 단축되고 멋진 표정의 사진도 찍을 수 있어 효과가 매우 좋습니다.

*

언뜻 보기에는 별 것 아닌 것처럼 보일 수 있지만, 앞서 말했듯이 고객이 우리 매장에 지속적으로 오도록 관계성 구축에 신경 써야 합니다.

신규로 한 건 늘리는 것보다 재방문을 한 건 늘리는 것이 비용과 수고를 훨씬 줄일 수 있습니다. 매장 경영을 안정적으로 하기 위해서도 재방문 비율 향상에 정성을 쏟아야 합니다.

매출 성장 편

미리 해두면 좋은 판촉물 강화

판촉물에는 다양한 종류가 있습니다. 당신의 매장에 가장 효과적인 방법을 사용하고 있나요?

본문에서는 의외로 놓치기 쉬운 툴을 중심으로 소개합니다.

기존에 만든 판촉물을 다시 체크해보자

애견미용실은 다양한 광고 및 판촉 활동을 할 수 있습니다. 고객에게 보내는 DM과 매장 안에 게시하는 포스터, 방문한 고객에게 드리는 리플렛 등 그 종류도 다양합니다.

우선은 기존에 제작했던 판촉물을 다시 한번 체크해봅니다. 판촉은 우리 매장의 정보나 존재를 널리 알리는 것이 목적입니다. 그러려면 되도록 많은 경로를 통해 정보를 발신하는 것이 좋습니다.

'오프닝 집객의 중요성'(p98~)에서 소개한 정보 발신의 경로를 다시 한번 체크해 보십시오. 이 경로 중에서 빠진 것이 없는지 확인해 봅시다.

혹시 누락된 경로가 없다면 어느 매체가 가장 효과적이었는지 그림 1과 같이 신규고객 관리카드를 통해 알아두면 차후 판촉비 예산을 배분할 때 도움이 됩니다. 기본적으로 신규고객이 많은 경로에 판촉비용을 많이 배분하고 적은 경로에는 비용을 줄이는 것이 좋습니다.

저희 매장을 알게 된 계기는 무엇입니까?

① 지나가다가
② 간판을 보고
③ 홈페이지를 보고
④ 인터넷 검색을 통해
⑤ 지역 신문에 실린 광고를 보고
⑥ 업종별 전화번호부를 보고
⑦ 지인의 소개
　　(소개한 분 성함 :　　　　님)
⑧ 기타 (　　　　　　)

그림1 신규고객 관리카드를 통해 방문 경로를 파악

소개·입소문을 늘리자

매장을 찾은 경로 중에서 판촉비용이 거의 들지 않는 것이 소개와 입소문입니다. 예산이 적은 경우에는 이 경로를 강화해나갑니다. 소개와 입소문을 촉진하려면 우리 매장을 찾은 고객에게 매장정보를 형태가 있는 것으로 만들어 전달할 필요가 있습니다. 그 대표적인 매체를 몇 가지 소개하겠습니다.

① 샵 카드 (매장 소개카드)

매장의 영업시간, 주소, 전화번호, 홈페이지, 매장의 컨셉 및 철학 등이 적힌 카드로 명함 크기로 만들면 지갑 안에 보관할 가능성이 높습니다. 입소문은 견주들끼리 정보를 교환할 때 일어납니다. 만약 지갑 안에 샵 카드가 들어 있다면 그 자리에서 보여주거나 건네 줄 확률이 높아지겠죠! 매체를 만들 때는 이렇게 정보가 전달되는 상황을 머릿속에 그려보는 것이 중요합니다.

또한 홈페이지는 URL을 적는 것보다 '포털 사이트에서 ○○로 검색해보세요'라고 안내하는 것이 더욱 효과적입니다.

② 포켓 티슈

견주들은 대부분 산책 중에 서로 정보를 교환합니다. 그러므로 휴대가 간편한 포켓 티슈에 매장 정보를 적어 나누어 드리는 것이 좋습니다. 시판용 티슈에 샵 카드를 끼워서 사용해도 좋습니다.

포인트는 반드시 두 개 이상 드리는 것입니다. 하나만 주면 본인이 사용하는 것으로 끝나고 맙니다. 입소문을 내고 싶을 때는 두 개 이상을 건네며 "지인분께도 소개 부탁드립니다"라고 한 마디 덧붙이면 더욱 효과적입니다.

그림2는 포켓 티슈에 삽입한 전단지의 예입니다. 사람이 구두로 누군가에게 소개할 때에는 본인의 주관이 들어가기 마련입니다. 우리는 높은 기술력을 세일즈 포인트로 삼는데, 고객은 '가격이 저렴하다'며 소개할 수도 있습니다. 그러므로 우리 매장의 특징이 잘 전달되도록 만듭니다.

③ 소개한 분 파악과 감사카드

지인에게 우리 매장을 소개해 준 고객에게 감사의 뜻은 잘 전하고 계십니까? 그림1에서 소개한 분의 이름을 적도록 하는 것은 그분에게 감사의 뜻을 전하기 위해서입니다. 어떤 애견미용실에서 고객을 가장 많이 소개한 분이 누구인가를 조사했는데, 놀랍게도 그분은 매장에 자주 오시는 분이 아니었다고 합니다. 매장 직원들은 '남에게 소개를 해 줄 정도면 아마 단골 고객이겠지!'라고 생각했겠죠!

소개해주신 분에게는 반드시 그 호의에 감사하는 마음을 전하는 것이 중요합니다. 그림3을 참고하여 꼭 실천하기 바랍니다.

*

이처럼 판촉 강화에 반드시 비용이 많이 드는 것은 아닙니다. 지혜를 내서 정성을 다한다면 얼마든지 가능한 일입니다.

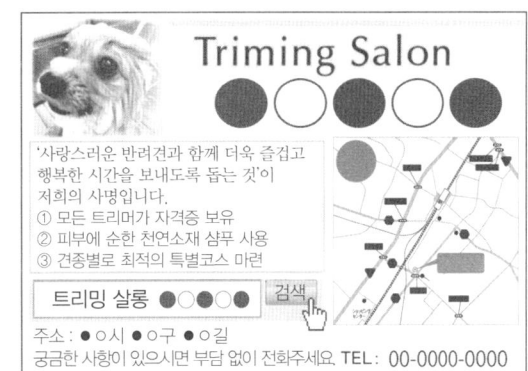

그림2
포켓 티슈에 넣는 전단지의 예

그림3
소개한 분에게 보내는 감사카드의 예

매출 성장 편

DM을 활용하자

DM 제작의 요령과 포인트를 알고 완성도를 끌어 올리십시오.
DM은 고객의 마음을 사로잡을 수 있도록 매력적으로 만들어야 합니다.

DM의 작성 포인트

다이렉트 메일(이하 'DM')은 판촉방법 중에서 가장 일반적인 것입니다. 우리 매장의 특징이 잘 전달되도록 효과적으로 작성하십시오.

DM은 고객에게 도착한 후부터 실제로 매장을 방문하기까지 몇 단계를 거칩니다. 광고 판매에 있어 잠재고객이 구매하기까지의 심리적 단위를 설명한 '아이드마(AIDMA) 이론'(그림1)이라는 것이 있습니다. 이 이론에 근거하여 설명하겠습니다.

① Attention (주목)

DM이 고객에게 전달되었을 때 '곧장 쓰레기통으로 들어가지 않도록 하는 것'이 첫 단계입니다. 여기에는 두 가지 테크닉이 있습니다.

우선 첫 번째는 DM 자체의 크기를 바꾸는 것입니다. 일반적으로 엽서 사이즈를 생각하는 데, 최근에는 A4 사이즈의 DM이 늘고 있습니다. 엽서보다 조금 비싸지만 임팩트가 있고 많은 양의 정보를 담을 수 있습니다.

두 번째는 크기는 그대로 두고 컬러와 디자인을 바꾸는 것입니다. 하얀색보다는 파스텔 색상의 엽서로 어필하는 것도 효과적입니다.

그림1
AIDMA 이론에 따른 DM의 포인트

DM의 흐름	AIDMA 이론	포인트와 예
DM 도착 시	A : Attention (주목)	얼마나 잘 받아줄 것인가? • 사이즈로 차별화 • 컬러, 디자인으로 차별화
	I : Interesting (흥미)	내용을 얼마나 잘 읽어줄 것인가? • 글자의 크기 • 캐치 카피
방문 검토 시	D : Desire (욕구)	어떻게 가치를 전달할 것인가? • 사용효과를 전달한다 • 체험자의 의견을 반영한다. • 점장의 메시지 • 홈페이지로 유도
	M : Memory (기억)	어떻게 보관을 유도할 것인가? • 보관장소를 만든다 • 쉽게 버리지 못하는 조건을 만든다
매장방문	A : Action (행동)	어떻게 우리 매장을 찾도록 할 것인가? • 이득을 본다는 느낌의 연출 • 다음 순서를 구체적으로 제시

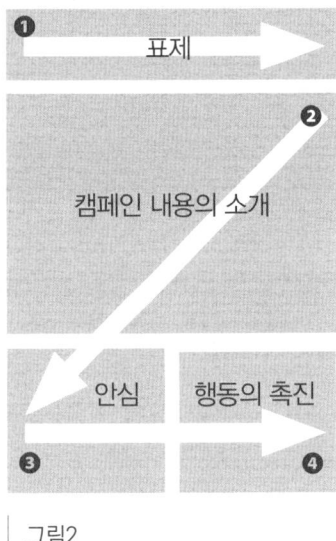

그림2
DM의 레이아웃(Z형)

④ **Memory** (기억)

DM을 읽었다고 해서 바로 행동으로 옮기는 것은 아닙니다. 그러므로 DM을 얼마간 보관하도록 해야 합니다. 예를 들어 매장의 이름과 전화번호가 적힌 자석 클립을 드리면서 "저희 매장 소식지를 집어서 보관해주세요"라고 어필하는 매장도 있습니다. 그 외에도 DM에 직원의 캐리커처나 사진을 넣으면 쉽게 버리지 못합니다.

⑤ **Action** (행동)

DM의 최종목표는 매장에 오시도록 하거나 예약전화를 받는 것입니다. 이러한 행동을 일으키기 위해서는 '지금 가야지!' 하는 마음이 들게 해야 합니다. 캠페인 중에는 기간 또는 예약방법 등을 확실하게 기재해두는 것이 좋습니다.

② **Interesting** (흥미)

다음은 도착한 DM을 읽게 만드는 것입니다. 여기에도 두 가지 포인트가 있습니다. 첫 번째는 글자 크기입니다. 고객의 연령대는 다양하므로 읽기 좋은 크기로 작성합니다.

두 번째는 캐치 카피입니다. 고객의 관심을 끌 만한 캐치 카피를 생각해봅니다. 다양한 캐치 카피 테크닉 중에서 비교적 쉽게 생각해 볼 수 있는 것이 '고객의 고민에 질문을 던지는 형식'입니다. 예를 들어 마이크로 버블을 어필할 때 '아이의 냄새가 걱정되지 않으세요?'라는 식으로 고객의 고민과 불안감에 질문을 던지는 것입니다. DM에서 소개할 메뉴로 고객의 어떤 고민을 해결할 수 있는지 생각해봅시다.

③ **Desire** (욕구)

①~② 단계를 거치면 고객은 상당한 흥미를 가질 것입니다. 여기서 그 흥미가 한층 자극되도록 '왜 우리 매장의 서비스가 당신에게 필요한지?'를 전합니다. 제품 사용 후 효과를 전달하거나 다른 고객의 체험담을 게재하는 방법, 그리고 매장의 얼굴인 점장의 메시지를 적는 방법 등이 있습니다. 개별성 있는 내용이 '나도 한번 가볼까?' 하는 마음이 들게 합니다.

더욱 효과적인 DM을 만들기 위해

보다 효과적인 DM을 만들기 위해 레이아웃을 검토해봅시다. 포인트는 '시선의 움직임'을 이용하는 것입니다. 종이 매체를 보는 이의 시선은 그림2와 같이 'Z형'으로 움직인다고 합니다. 지면의 좌측 상단 ①을 가장 먼저 본 다음 ②에서 ③, 마지막으로 우측 하단의 ④의 방향으로 움직입니다.

이 움직임을 고려하면 우선순위가 높은 것을 좌측 상단과 우측 하단에 배치하는 것이 좋다는 것을 알 수 있습니다. 우선 주목도가 가장 높은 ①의 부분에 캐치 카피와 캠페인 기간 등 고객에게 가장 알리고 싶은 내용을 적어 흥미를 주도록 합니다. 다음 ②에서 ③의 움직임에는 이 DM을 통해서 전달할 주요 내용(캠페인 내용, 상품의 소개 등)을 기재합니다.

③에서 ④의 움직임에는 고객의 행동을 촉구하는 내용을 기재합니다. ③에는 체험자의 후기나 점장의 메시지 등 고객의 관심을 끌만한 내용을 적습니다.

마지막으로 ④에 고객이 실제로 행동을 하는데 필요한 내용을 적어둡니다. '예약전화는 여기로' 등 실제 행동을 유발하는 문장과 함께 매장의 전화번호와 홈페이지로 유도하는 메시지 등을 적습니다.

매출 성장 편

매장 내 이벤트와 캠페인

매장의 개성을 어필할 수 있어 집객과 고객만족으로 이어질 수 있는 좋은 기회입니다. 고객과의 유대관계를 강화하기 위해 실시하는 매장 내 이벤트는

이벤트를 통해 더욱 깊이 있는 커뮤니케이션을

매장 경영을 시작하고 어느 정도 시간이 지나면, 일에 쫓겨 좀처럼 고객과 이야기 나눌 시간이 없거나 반복된 업무의 연속으로 매너리즘에 빠질 수 있습니다. 그때는 매장 내 이벤트를 기획해봅니다.

매장 내 이벤트에는 '영양관리 세미나'와 같은 세미나형과 '예절 교실' 등의 교육형, '애견 운동회' 등의 체험형 등 다양한 스타일이 있습니다. 이벤트를 하는 주된 이점으로는 다음 사항을 들 수 있습니다.

① 고객과 더욱 깊이 있는 커뮤니케이션이 가능하다

평소 여유롭게 대화를 나누지 못했던 고객과도 편안하게 시간을 공유할 수 있어 보다 돈독한 관계를 구축할 수 있습니다.

② 신규고객 확보가 가능하다

매장의 서비스를 이용한 적이 없는 사람도 친구의 권유로 참가하는 경우가 있습니다. 우리 매장에 대해 알릴 수 있는 기회가 될 것입니다.

③ 고객의 취향을 조사할 수 있다

새로운 서비스를 시작할 때 고객의 수요가 있을지를 미리 조사해두면 더욱 자신 있게 도입할 수 있습니다. 우선은 이벤트 형식으로 개최해서 고객의 반응을 보고 난 후 본격적으로 도입하는 것이 좋습니다.

④ 직원 육성에 도움이 된다

직원이 직접 강사로서 참가자 앞에 서는 경우가 있습니다. 이런 기회를 통해 직원의 교육과 스킬을 향상시키는데 도움이 됩니다.

어떤 이벤트를 실시할 것인가

개최하는 이벤트의 장르는 다양하지만 크게 나누면 그림1과 같이 네 종류가 있습니다.

트리머가 직접 강사를 맡는 케어 교실은 비교적 준비가 쉬울 뿐 아니라 고객의 수요도 많습니다. 그 외에도 애견용품 만들기 등 전문분야를 살린 강좌도 좋습니다.

자체 인력으로 진행할 수 없는 경우에는 외부 전문가를 초빙하여 실시할 수도 있습니다. 외부 전문가 중에는 자신의 서비스를 소개하는 대신에 무료로 강습해주는 사람도 있으니, 잘 활용하면 서로 원원하는 효과를 볼 수 있습니다.

신규고객을 원한다면, '참가하고 싶어지는 내용'이어야 하므로 단골고객을 대상으로 했던 이벤트 중에서 평이 좋았던 것부터 시작해보는 것이 좋습니다.

그림1 매장 내 이벤트의 종류

① 케어 분야	• 집에서 할 수 있는 셀프 그루밍 • 셀프 중탄산 스파 교실
② 미용·건강 분야	• 애견 아로마 테라피 • 영양관리, 먹거리 교육 세미나 • 도그 마사지
③ 트레이닝 분야	• 퍼피 파티 • 예절 교실
④ 기타	• 사진 촬영회 • 애견용품 만들기 • 애견 운동회

이벤트 실시에 관한 포인트

이벤트를 기획하는 단계에는 매우 즐겁지만 정작 준비와 운영을 시작하면 많은 어려움을 느낄 것입니다. 사전준비와 진행순서 등을 잘 정리해두면 이벤트 당일에 당황하지 않고 매끄럽게 진행할 수 있습니다.

① 개최 일시

이벤트는 기본적으로 일상업무에 지장을 주지 않는 범위에서 진행합니다. 특히 성수기는 피하고 비수기에 실시하면 고객을 모으는 효과도 기대할 수 있습니다. 이벤트의 내용과 참가인원 수에 따라 다르지만, 회당 소요시간은 2시간 정도가 이상적입니다.

② 참가인원 수

이벤트의 내용에 따라 다르지만 처음에는 조바심을 내지 말고 대응 가능한 두세 명 정도의 인원으로 시작해봅시다. 익숙해지면 서서히 참가인원을 늘려가는데, 아무래도 운영이 매끄럽지 못할 때는 단골고객만 초대하여 실시해보는 것도 좋습니다.

③ 수강료

매장의 자체인력으로 진행할 것인지, 외부 강사를 초빙할 것인지, 각각의 경우에 드는 경비를 계산해서 수강료를 책정합니다. 단 수강료로 이익을 내는 것이 아니라, 지속적인 참가를 유도해 고정고객으로 만드는 것이 주 목적이므로 실비(실제로 드는 비용) 정도만 받는 것이 현명합니다.

④ 선전방법

매장을 찾은 고객에게 이벤트 관련 전단지를 건네는 등의 홍보방법이 가장 기본적입니다. 단 신규고객을 확보하는 것이 목적이라면 전단지의 포스팅을 검토해봐도 좋습니다.

그 외에도 페이스북이나 트위터 등의 SNS를 통해 알리는 방법도 비용이 들지 않으면서 효과적입니다. 또한 타 업종의 매장 등에 부탁하여 포스터를 게시하는 방법도 있습니다. 이런 경우 서로 상대 매장을 선

그림2 세미나 개최까지의 TO DO 리스트

2주 전

□ 고객과의 대화, 우리 매장의 경쟁력 등을 고려하여 세미나의 주제를 정한다(필요할 경우 강사도 초빙).

□ 외부 강사를 초빙하는 경우에는 세미나 개최의 목적과 이미지를 되도록 자세하게 전달한다. 세미나 일시와 규모, 진행 절차, 강사료, 필요한 도구 등 자세한 사항은 미리 확인해둔다.

□ 참가자를 모집한다. 모집방법은 매장의 홈페이지와 SNS로 알리는 외에도 매장에 포스터를 붙이거나 전단지 배포, 고객에게 직접 알리는 방법 등이 있다.

□ 다른 매장이나 단체가 개최하는 세미나에 참가해본다. 운영자로서 주의해야 할 사항과 참가자가 어떤 점에 관심을 보이는가를 예측하기 쉽다.

1주 전

□ 세미나 당일에 필요한 도구가 있으면 준비해둔다(직전에 준비하는 것이 나은 것은 미리 주문해둔다).

□ 전날의 준비 사항과 당일의 진행, 정리 등의 역할을 직원에게 할당한다. 세미나 당일도 평소처럼 영업을 한다면 급한 예약이나 상품을 구매하러 오는 고객을 맞이할 직원을 미리 정해둔다.

□ 참가자 수를 정해놓고 모집을 언제 마감할 것인지, 접수를 받는다면 언제까지 몇 명을 받을 것인지를 정해둔다. 정원을 초과한 경우에는 접수하지 못한 응모자에게 정중하게 사과의 뜻을 전달한다.

□ 당일의 진행방법을 간단하게 시뮬레이션 해본다. 트리머가 직접 강사로 나서서 지도를 하는 경우에는 되도록 실제 세미나와 동일한 조건에서 리허설을 진행한다.

□ 외부 강사의 경우 이벤트 당일에 책이나 DVD, 용품 등의 판매 여부를 확인한다.

전 날

□ 세미나 당일 필요한 도구와 설비 등에 문제는 없는지 최종적으로 확인한다.

□ 외부 강사를 초빙할 경우에는 최종 사전미팅을 갖는다. 직접 만나서 하기 어려운 경우에는 전화로 해도 무방하다.

□ 참가 인원 수를 확인한다. 수강료의 납부와 당일 준비해야 할 것에 대해 연락을 해둔다

□ 세미나 공간을 중심으로 매장 전체를 청소한다.

□ 당일 배포할 자료와 설문지 등은 1인분씩 묶어서 준비해둔다.

전하는 포스터를 게재해주기로 하면 협조를 구하기 쉽습니다.

⑤ 사전준비

처음 이벤트를 개최할 때는 진행이 원활히 이루어지도록 사전준비 단계에서 'TO DO(해야 할 일) 리스트'를 만들어 두면 좋습니다. 그림2에 세미나 개최를 예로 한 'TO DO 리스트'를 소개했으니 활용해보도록 하십시오.

⑥ 이벤트 당일

이벤트 담당자가 정해져 있어도 사전미팅을 통해 모든 직원이 당일의 흐름을 대략적으로 알아두면 문제가 생겨도 원활하게 대응할 수 있습니다. 당일 입구에 '세미나 개최 중'이라는 포스터를 붙여두면 참가자에게는 안내 역할, 매장을 지나는 분들에게는 이벤트의 존재를 어필할 수 있습니다. 종료 후에는 참가자들에게 설문조사를 실시하여 소감과 요구사항, 개선사항 등을 정리해 향후의 운영에 활용합시다.

매출 성장 편

애견호텔을 병설할 계획이라면

유지비가 적게 들어 수익으로 이어지는 한편, 안전관리에 만전을 기해야 합니다. 명절이나 여름철에 특히 수요가 많은 애견호텔 서비스.

애견호텔에 필요한 설비

애견호텔을 위한 설비를 마련하는 경우에는 '고객이 안심하고 맡길 수 있는가'가 가장 중요한 기준이 됩니다. 고객 입장에서 안심이 되는 설비·기준은 다음과 같습니다.

- 넓은 개별 룸에서 숙박이 가능하다
- 공간이 청결하다
- 다른 애견과 방을 따로 쓴다(고객이 여러 마리를 함께 키우는 경우는 제외)
- 개별적인 사료 급여 관리를 해준다(고객이 준비해 가는 것도 가능하다 등)
- 돌보는 직원이 우리 집 반려견과 접한 경험이 있다
- 정기적으로 산책과 운동을 시켜준다
- 숙박하는 동안 건강관리를 해준다
- 유사시에 대응할 수 있다(제휴를 맺고 있는 동물병원이 있다 등)

애견호텔 서비스는 이 같은 기준을 확실하게 충족할 필요가 있습니다. 그러므로 '공간이 조금 남으니 호텔이라도 만들어볼까?' 하는 안일한 생각으로 시작하면 나중에 문제가 생길 수 있습니다. 사전에 서비스 규약과 호텔 환경에 대하여 꼼꼼히 알아보도록 합니다.

애견호텔의 설계

실제로 매장 안에 호텔용 공간을 마련할 경우에 어떤 설계가 요구될까요? 우선은 안전성, 다음은 합리성에 중점을 두고 다음의 사항을 고려해 보십시오.

① 탈주방지 대책에 만전을 기하자

호텔 공간과 카운터, 상품 판매 공간 등 밖으로 이어지는 문에는 잠금장치를 설치합니다. 문은 호텔 쪽에서 당겨서 여는 구조가 바람직합니다.

② 청소·소독작업이 편리한 구조

불특정 다수의 개가 사용하는 케이지는 전염병 및 감염증 예방을 위해 그때그때 청소를 해야 합니다. 이는 트리밍을 위해 잠시 맡았을 때도 마찬가지입니다. 소독과 청소를 손쉽게 할 수 있는 스테인리스 재질의 케이지가 편리합니다. 침대와 타월 등 직물 제품도 사용 후 바로 세탁해서 청결하게 관리합니다.

③ 에어컨디셔너 관리가 가능할 것

애견호텔의 적정온도는 개별적 사정 때문에 일정한 온도를 제시하기 어렵습니다. 또한 케이지의 위아래와 에어컨디셔너의 위치에 따라 같은 방 안에서도 온도 차가 있다는 점을 잊지 마십시오. 선풍기 등으로 공기를 순환시키는 것도 한 방법입니다.

여름철에 여러 마리가 숙박을 할 경우에는 설정 온도보다 높아지는 경우가 있습니다. 그러므로 케이지를 잘 배치하여 정기적으로 동물의 상태를 체크할 수 있도록 합니다. 냄새도 잘 빠지도록 에어컨디셔너는 24시간 풀 가동하는 것이 바람직합니다.

④ 소음 대책

매장 인근의 환경에 따라서는 소음대책도 필요합니다. 개가 계속해서 짖으면 체온이 상승하므로 시끄럽다고 해서 좁은 공간에 가두거나 입마개를 씌우면 안 됩니다. 산소가 부족해 호흡이 힘들어지거나 체온이 올라갈 수 있으니 주의하십시오.

짖는 소리는 다른 동물에게도 스트레스를 주므로 계속해서 짖으면 개별 룸에 수용하도록 하십시오.

트러블을 방지하려면

살아있는 동물과 관련된 트러블은 대부분 긴급을 요하는 경우가 많습니다. 작업 중에도 케이지에 있는 동물들의 상태를 자주 살펴야 합니다. 예측 불가능한 사태에 신속하게 대응할 수 있도록 사전에 가이드라인 등을 정해두는 것이 좋습니다. 또한 애완동물을 맡기 전에 고객에게 그림1과 같은 동의서를 작성하도록 하고, 사전 설명과 확인사항을 철저하게 주지시켜야 합니다.

애견호텔에서 벌어지는 불의의 사태에는 다음과 같은 것이 있습니다.

① 건강상태의 악화
② 부상 (트리밍 중의 부상도 포함)
③ 탈주, 행방불명
④ 견주의 연락 두절

이런 경우에는 되도록 빨리 고객과 연락을 취해 사태에 대해 보고해야 합니다. 이때 ①~③은 발생 후 어느 정도 시간이 지났는지, 어떤 대처를 했는지를 간결하게 설명합니다.

①과 ②에 관해서는 가능한 범위 내에서 응급처치를 합니다. 단 원인과 적절한 처치방법을 모를 경우에는 상태가 악화될 수 있으므로 무리하지 말고 동물병원에 연락하여 수의사의 지시에 따릅니다.

③은 사소한 부주의로 인해 일어나기 쉬운 사고로 애견미용실로서는 가장 난처한 사태입니다. 고객에게 신속하게 연락을 하고, 보건소나 경찰서, 동물보호단체에 연락을 취하는 등 할 수 있는 일은 모두 해야 합니다. 이를 위해서도 지역 보건소와 경찰서, 동물보호단체의 연락처를 미리 알아두면 긴급 시에 신속하게 대처할 수 있습니다.

특히 산책 중에 도망가는 상황이 자주 발생하는데, 아마도 주인과 떨어져 있는 동안 스트레스를 많이 받아서 그런 것 같습니다. 도망치는 것을 막기 위해서라도 리드줄과 목줄을 단단히 채우십시오. 또한 혼자서 여러 마리를 산책시키는 일은 되도록 피하십시오.

④는 어떤 사정으로 반려견을 기르지 못하게 된 고객이 호텔에 개를 맡긴 채 찾으러 오지 않는 경우입

애견호텔 입실동의서

년 월 일

본인(사육관리자 또는 대리인과 가족)은 본인 소유의 아래 동물(이하 '동물')을 귀 매장(애견미용실 ●●●●를 의미함)의 애견호텔에 맡기고자 합니다. 귀 매장의 애견호텔에 입실하는 것에 대해 다음 사항을 준수하고 서약합니다.

1) 본인은 다음과 같은 사유에 기인한 동물의 부상·사망·도망 등에 대해 손해배상·보상 등을 일절 청구하지 않습니다.
   a. 동물의 특이체질
   b. 천재지변·불의의 사고
   c. 일반적인 주의 의무의 한도를 넘은 불의의 사태
   d. 기타 불가항력에 의해 당 매장에 책임을 물을 수 없는 사유

2) 애견호텔에서 다음과 같은 사유가 발생한 경우에는 귀 매장과 제휴를 맺은 동물병원에서 대응하십시오(해당 비용은 별도로 부담합니다).
   a. 입실 중에 부상 및 질병이 발견된 경우
   b. 그 외 불의의 사태가 발생한 경우

3) 입실, 퇴실시간, 관리방법 등은 귀 매장의 지시를 따르겠습니다.
   AM 10:00 ~ PM 7:00
   기간의 연장, 단축이 있을 시에는 상기 시간 내에 반드시 연락 주십시오.

4) 시간이 지나도 본인으로부터 연락이 없거나 일주일 이상 연락이 되지 않을 경우에는 동물의 처우에 대해 전적으로 귀 매장에 일임하겠습니다.

〈숙박 예정기간〉
           년 월 일(   ) ~   년 월 일(AM/PM)
〈의뢰인 성명〉   인
〈주소〉
〈자택 전화〉
〈휴대폰 번호〉
〈동물의 이름 및 종류〉

**그림1
애견호텔 입실동의서의 예**

니다. 이런 경우는 숙박비 외에 여러 문제도 동시에 발생하므로 매장 입장에서도 큰 손해입니다.

이런 문제를 100% 방지하는 것은 불가능하지만, 동의서에 개를 데리러 오지 않을 경우 그에 대응하는 방법 등을 명시해두고, 호텔 요금을 선불제로 하여 조금이라도 이러한 문제를 방지하는 것이 좋습니다. 간혹 사육을 포기한 것으로 간주하고 경찰서에 신고하는 곳도 있습니다.

매출 성장 편

매장 역량을 강화하는 직원교육

한 사람 한 사람 진지하고 성의 있게 육성해 나가도록 합니다.
보다 나은 매장으로 성장하는 데 반드시 필요한 것은 매력 있는 직원의 존재입니다.

교육을 통해 대응력을 끌어올리자

어느 정도 고객이 늘면 직원을 채용할 기회도 생길 것이고, 처음부터 여러 명의 직원과 함께 매장을 시작하는 경우도 있을 것입니다. 직원은 매장의 원동력이고, 미래를 함께 실현해 나가는 동료이기도 합니다. 모두가 같은 생각을 가지고 일을 한다면 더욱 매력적인 매장으로 성장할 것입니다.

그래서 직원교육이 매우 중요한 것인데 그날그날 업무에 쫓기다 보면 소홀히 하는 것이 현실입니다. 교육에는 시간이 걸리므로 하루하루 꾸준히 해나가는 것이 좋습니다.

교육 내용은 근무하는 직원의 경험과 경력에 따라서 다르겠지만 모든 교육의 기본인 신입직원의 교육방법에 대해 설명하겠습니다.

교육방법을 업데이트하자

여러분은 신입 시절에 어떤 교육을 받았나요? '선배가 하나부터 열까지 다 가르쳐주었다', '아무것도 안 가르쳐주어서 곁눈질로 배웠다' 등 의견은 다양합니다만, 실은 지도자들 대부분이 본인이 배웠던 방식으로 신입을 가르치려는 경향이 있습니다. 그래서 본인의 신입 시절과 비교해서 '요즘 신입들은 의욕이 없는 것 같다'고 느끼거나, '우리 때는 안 그랬는데…'라고 격세지감을 느끼는 분도 있다고 합니다. 우선은 교육방법을 업데이트하고, 그 후 구체적인 교육에 대해 생각해봅시다.

교육방법에는 세 가지 포인트가 있습니다. ① 비주얼화, ② 작은 성공 체험, ③ 결과의 피드백입니다. 다음은 각 항목에 대한 설명입니다.

① 비주얼화

비주얼화의 대표적인 예는 매뉴얼 작성입니다. 당연하다고 생각할 수 있지만 지금의 신입직원을 기술인력으로 만드는데 반드시 필요한 것입니다. 하지만 문장으로 된 매뉴얼은 효과를 내기 어렵습니다. 여기서 중요한 것은 사진이나 동영상 등의 '비주얼'을 통해 전달하는 것입니다.

예를 들어 청소 매뉴얼에 '견사를 깨끗하게 청소한다'는 항목을 만든다고 합시다. 여기에서 문제는 '어떤 상태가 깨끗한 상태'인가 하는 기준이 사람마다 다르다는 점입니다. 가르치는 쪽은 '먼지 하나 없는 상태'를 깨끗하다고 느끼는 반면, 신입직원은 '딱 봐서 물건이 잘 정돈되어 있는 상태'를 깨끗하다고 느낄 수도 있습니다. 그 외에도 감각의 차이는 많을 것입니다. 이런 감각의 차이를 극복하고 교육을 원활하게 진행하기 위해서는 사진과 동영상 등을 활용해서 말로 표현하기 힘든 부분을 전달하는 것이 좋습니다.

그림1 교육 체크리스트

이름: _____

〈동물의 취급방법〉 항목	본인 체크	지도자 체크	〈안내 전반〉 항목	본인 체크	지도자 체크	〈재고관리〉 항목	본인 체크	지도자 체크
개의 보정			고객에 대한 인사			상품재고의 확인		
노령견의 보정			고객과의 질문·답변			상품의 발주(바코드)		
산책 방법			계산 방법			상품의 발주(전화)		
사료 주기			미입금·부족 발생 시 고객 대응			상품의 발주(FAX)		
			잔돈 전달하기			상품의 수령·확인		
〈매장 관리〉 항목			사료 판매 후의 대응					
			트리밍 접수			〈DM관리 관련〉 항목		
오픈 준비			전화 응대			감사카드(첫 방문)		
폐점 후의 정리			현금등록기의 정정 방법			감사카드(2회차 방문)		
방문예정 카드의 준비						감사카드(3회차 방문 이후)		
케이지의 소독·청소			〈고객관리카드 시스템 관련〉 항목			소개자에 대한 감사카드		
트리밍 테이블의 소독·청소·정리						생일 DM		
화장실 청소			명세서 인출 방법					
싱크대 청소			신규 등록 방법					
드라이어 청소			두 마리째 이후의 추가 방법					
세탁 방법			주소 변경 방법					
쓰레기 수거			사망 견의 등록 방법					

② 작은 성공 체험

요즘은 '나중에 내 가게를 내고 싶다'거나 '빨리 프로 트리머가 되고 싶다'는 목표를 가진 신입 직원이 줄고 있는 것 같습니다. 그래서 직원이 자발적으로 목표를 설정하고 이를 위해 노력해가는 것을 보기가 어렵습니다. 그런 신입직원에게는 가르치는 사람이 목표를 설정해주고 성취감을 느끼게 해줄 필요가 있습니다.

목표에는 '1년 후', '3년 후' 등의 장기목표와 '1개월 후', '3개월 후'와 같은 단기목표 두 가지가 있는데, 비교적 빨리 달성할 수 있는 단기목표의 성취감을 쌓아나가는 것이 모티베이션(동기부여)을 높게 유지할 수 있습니다.

그림1은 교육 체크리스트의 일례입니다. 이 리스트에는 '동물 취급방법', '안내 전반' 등 각 분야별로 업무를 세분화하여 기재하고 있습니다. 다 가르쳤으면 체크하고, 본인이 숙지한 후 체크하는 식으로 상호 간에 확인하면서 사용합니다.

이 체크리스트의 이점은 가능해진 항목이 매일 늘어나는 데 있습니다. 사소한 것도 체크리스트에 포함시켜두면 달성한 항목이 하루에 하나씩은 늘어날 것입니다. 입사 후 한 달 혹은 석 달까지라고 달성 목표 기간을 제시해두면 더욱 효과가 있습니다. 이렇게 작은 성공체험을 꾸준히 쌓아 본인이 성장하고 있음을 실감하도록 해야 합니다.

③ 결과의 피드백

체크리스트 등을 통해 기본적인 항목을 처리할 수 있게 되면 다음은 본인의 목표와 매장의 방침에 따른 성장을 요구해나가는 단계입니다. 여기에서는 본인의 목표 설정과 달성 정도를 지도자와 함께 확인해보는 것이 중요합니다. 목표 설정은 목표를 세우는 것이 목적이 아니라 그것을 달성하는 것이 목적입니다. 하지만 그 달성 정도를 체크해보는 일이 의외로 적습니다.

그러므로 당사자와 지도자가 함께 진척 정도를 확인하거나 목표 달성을 위한 구체적인 방안에 대해 함께 생각해 볼 필요가 있습니다. 내용에 따라 다르지만 3개월~반년 주기로 면담 등을 통해 피드백하면 좋을 것입니다.

고객 대응력을 기른다

젊은 직원이 많은 경우에는 본인의 언어로 손님을 대하는 경우가 많지만 매장에는 다양한 세대와 성별의 고객이 오십니다. 본인들의 언어가 아니라 '상대방이 어떻게 느끼는지?' 고객의 입장에서 생각하는 것이 중요합니다.

아무리 기술력이 좋아도 고객 대응이 좋지 않으면 고객이 오지 않습니다. 왜냐하면 누구나 기분 좋게 서비스를 받고 싶어하기 때문입니다. 고객에게 사랑받는 매장을 만들기 위해 '고객대응력'을 중점적으로 교육하십시오.

고객대응력에는 ① 불쾌감을 주지 않는 대응력, ② 만족도를 높이는 대응력, ③ 불만을 해소하기 위한 대응력 이렇게 세 가지가 있습니다. ①은 고객을 대할 때의 기본적인 매너, ②는 이 매장에 다시 오고 싶어지는 대응, ③은 클레임 등에 대한 대응입니다. 우선은 기본인 ①과 ③의 내용부터 살펴봅시다(※②의 만족도를 높이는 대응력은 p132에서 소개합니다).

① 불쾌감을 주지 않는 대응력

불쾌감을 주지 않는 대응력에는 A 복장·몸가짐, B 행동, C 표정, D 말투, E 전화 응대가 있습니다. A~C는 눈으로 보고 느끼는 항목, D와 E는 귀로 듣고 느끼는 항목입니다.

사람은 첫인상을 어떤 요소로 결정할까요? '메라비언의 법칙(The Law of Mehrabian)'이라는 유명한 조사결과가 있습니다. 이 법칙에 의하면 첫인상의 대부분은 '눈으로 보고 느끼는 요소'에 의해 정해진다고 합니다. A~E를 모두 단번에 익히는 일은 불가능하므로 우선은 A~C의 눈으로 보고 느끼는 항목부터 노력하는 것이 좋을 것입니다. 다음은 각 항목의 주의사항입니다.

A : 복장 · 몸가짐

가장 신경 써야 할 부분이 '청결'입니다. 트리밍 중에는 옷에 털이나 물기, 배설물 등이 묻는 경우가 많습니다. 특히 털은 불쾌한 인상을 주므로 고객을 접하기 전에 반드시 오염물을 제거하도록 합니다.

B : 행동

사람의 행동에는 평소의 버릇이 그대로 나오기 쉽다고 합니다. 고객이 항상 보고 있다는 생각으로 행동합니다. 특히 고객으로부터 돈이나 기입한 서류를 받을 때, 반대로 명세서와 상품 등을 건넬 때에는 두 손으로 받고, 전달할 수 있도록 합니다.

C : 표정

타인과 접할 때는 말보다도 표정이 강한 인상을 줍니다. 항상 미소를 띤 얼굴로 고객을 대하도록 노력합시다. 또한 트리밍 중에는 털이 날리므로 마스크를 쓰는 경우가 많은데, 표정은 눈가보다 입가에서 잘 전해지므로 고객을 대할 때는 마스크를 벗습니다.

D : 말투

올바른 경어를 사용할 수 있도록 합니다. '죄송하지만' 혹은 '번거로우시겠지만'이라는 '쿠션용어' (p102 참고)도 중요한데, 잘 사용하면 예의가 바르다는 인상을 줄 수 있습니다. 쿠션용어를 덧붙이면 상대방에 대한 배려가 잘 드러나므로 효과적으로 사용하기 바랍니다.

E : 전화 응대

전화로 예약을 받는 경우도 많은데, 전화는 서로 얼굴이 보이지 않으므로 대면식 커뮤케이션보다 더 어렵습니다. 상대방에게 내 목소리가 작게 들리거나 평소보다 말이 빨라지는 사람도 있을 것입니다. 목소리와 표정은 연동되므로 얼굴이 보이지 않아도 전화 통화를 할 때는 웃는 얼굴로 이야기합니다. 다양한 연령층에 맞추어 말하는 속도와 목소리의 크기를 조절하는 것도 중요합니다.

*

이렇게 당연한 것을 제대로 못 하는 경우가 의외로

그림2 클레임 대응 시트

```
┌─────────────────────────────────────────────┐
│           클레임 대응 시트                    │
│                                             │
│  고객 성명 [          ]  담당직원 성명 [    ] │
│  주소     [          ]  전화번호    [    ] │
│  발생일   년   월   일   시   분경           │
│  클레임 내용                                 │
│  [                                        ] │
│                                             │
│               발생상황                       │
│  상황                                        │
│  원인                                        │
│                                             │
│  담당직원                                    │
│                                             │
│               처리상황                       │
│  대응 일시   년   월   일   시   분경        │
│  처리내용                                    │
│  [                                        ] │
│                                             │
│  비고                                        │
│  [                                        ] │
│                                             │
│                    담당자 [   ]  점장 [   ] │
└─────────────────────────────────────────────┘
```

많이 있습니다. '나는 잘하니까 괜찮아'라고 생각하지 말고, '모든 것은 고객을 위해서'라는 관점에서 직원들끼리도 서로 잘 하고 있는지 확인하는 것이 중요합니다.

③ 불만을 해소하기 위한 대응력

마지막으로 클레임 대응입니다. 아무리 조심해도 클레임이 발생하는 경우가 있습니다. 클레임은 질책이지만 다른 관점에서 보면 우리 매장에 대한 고객의 기대를 나타내는 것이라고도 할 수 있습니다. 성의 있게 대응하면 만족도를 높일 수 있습니다.

클레임 대응의 기본은 우선 상대방의 이야기를 듣는 것입니다. 고객이 이야기할 때는 도중에 말을 끊지 말고 끝까지 경청합니다. 처음에는 흥분하지만 이야기하는 동안에 화가 가라앉을 수도 있습니다.

그 다음 필요한 것이 클레임 내용을 모든 직원에게 알려 매장 전체의 문제로서 다루는 것입니다. 클레임을 받은 당사자뿐만 아니라, 구성원 전원이 해당 고객에게 죄송한 마음을 갖고 대응하도록 합니다. 단체 문자나 카카오톡 같은 무료 앱을 사용해서 전 직원에게 클레임 내용을 바로 전달하는 체계를 마련하는 곳도 있습니다.

마지막으로 클레임 내용을 축적하여 직원교육에 활용합니다. 애견미용실에서는 '다쳤다', '데리러 오는 시간까지 완성이 안 되었다', '원하던 스타일이 아니다'라는 등의 클레임이 자주 발생합니다. 클레임 정보를 모아두면 과거에는 같은 클레임에 어떻게 대응했는지 알 수 있습니다.

클레임을 모아둘 때는 그림2와 같은 공통 양식을 사용하여 누락 없이 정리합니다. 클레임이 발생하면 기분이 좋지 않겠지만, 같은 일이 반복되지 않도록 진지하게 대응하십시오.

매출 성장 편

카운슬링의 중요성

고객의 마음을 사로 잡는 기술을 실천해 보십시오.

고객에게 사랑 받는 매장이 될 수 있을까? 그 열쇠를 쥔 것이 바로 카운슬링이므로

카운슬링으로 대응력을 향상시키자

'매장의 역량을 강화하기 위한 직원교육'(p128~)에서 접객 시의 대응력에는 세 가지가 있다고 설명했습니다. 그 중에서도 카운슬링은 '② 만족도를 높이는 대응력'에 해당됩니다. 카운슬링이란 어떤 것일까요?

애견미용실에서 필요한 카운슬링이란 ①고객의 고민과 문제를 알아내고, ② 문제 해결에 도움이 되는 서비스를 제안하고, ③장기간에 걸쳐 관리를 하는 것입니다.

다시 말해 ① 문제의 파악, ② 메뉴의 제안, ③ 지원 및 관리가 카운슬링의 주요 포인트입니다. 우선은 카운슬링의 기본적인 흐름부터 살펴보도록 하겠습니다.

카운슬링의 기본적인 흐름이란

실제 카운슬링은 어떻게 진행되는지 순서대로 알아보겠습니다.

① '보이는 정보' 로 예측해본다

애견의 미용 스타일과 모질, 피부 상태 등의 정보, 그리고 어떤 라이프 스타일을 가진 고객인지 일단 외모로 고객의 취향과 성향을 짐작해 봅니다. 이 단계에서 추측한 정보를 토대로 고객에게 어떤 제안을 하면 좋을지 어느 정도 판단을 합니다.

② 고객의 요구사항과 고민을 듣는다

고객의 이야기를 들을 때는 목적과 바라는 바를 추측하면서 듣는 것이 중요합니다.

커트를 원하는 고객이 있다고 가정합시다. 이 고객은 '무엇을 위해' 커트를 하는 것인지? '단순히 깔끔하게 털을 자르고 싶은 고객'인지 아니면 '산책 친구들에게 보여주기 위해서 오신 고객'인지 그 목적을 알아내는 것입니다. 즉 '커트'는 어떤 목적을 달성하기 위한 수단입니다. 그 목적을 알지 못하면 고객에게 적절한 제안을 하지 못합니다.

③ 고민을 해결하기 위한 서비스를 제안한다

애견미용실을 찾기 전에 이미 메뉴를 정하고 오는 고객도 많기 때문에 희망 사항을 그냥 듣기만 하는 경우도 많지만, 그러면 카운슬링을 하는 의미가 없습니다. 카운슬링의 목적은 고객이 바라는 바를 이룰 수 있도록 우리가 할 수 있는 메뉴를 제안하는 것입니다. 물론 강요해서는 안 되겠지만, 더 좋은 방법이 있다면 자신 있게 제안하는 것이 고객에게 도움이 될 것입니다. 고객은 트리머만이 해줄 수 있는 조언을 기대하고 있을 테니까요!

④ 기타 사항을 확인한다

마지막으로 필요한 사항을 확인합니다. 애견을 데리러 오는 시간과 주문 내용, 요금, 머무는 동안 주의해야 할 사항 등을 확인합니다.

카운슬링을 더욱 잘 하기 위해서는

다음은 카운슬링을 더욱 잘 하기 위한 포인트를 소개하겠습니다.

① 자신을 어필한다

카운슬링은 고객의 고민 등 정보를 수집하는 일부터 시작됩니다. 하지만 처음 만나는 사람에게 자신의 고민이나 원하는 사항을 터놓고 이야기하는 사람은 그리 많지 않습니다. 대부분은 상대방을 살피면서 원하는 바를 조금씩 드러내므로 처음부터 고객의 모든 것을 알아내려 하지 말고 조금씩, 천천히, 성의 있게 관계를 구축해 나가도록 합니다.

상대방의 정보를 알아내기 위해서는 카운슬링을 하는 나 자신을 상대방에게 보여주는 것이 먼저입니다. 우선은 명함 등을 활용합니다. 명함에는 본인의 이름과 매장 정보, 나의 취미와 출신지, 반려동물, 간단한 자기소개 등 '나에 관한 정보'를 담으면 더욱 친근감이 느껴질 것입니다.

명함에 적힌 정보를 계기로 고객과 어떤 공통의 화젯거리가 생길 수도 있습니다. 이렇게 사람은 자신과 공통점이 있는 사람에게 마음을 쉽게 여는 심리가 있습니다. 직원의 개성을 알 수 있는 프로필은 카운터 근처 등 눈에 잘 띄는 장소에 두거나 홈페이지에 게시해두면 더욱 인상에 남습니다.

② 고객의 정보를 집약한다

고객이 계속해서 우리 매장을 찾도록 카운슬링을 통해 얻은 고객의 정보를 모든 직원이 공유할 수 있도록 간추립니다.

또한 고객의 이야기를 들을 때는 되도록 내용을 메모하면서 듣습니다. 실례가 아닐까 생각할 수도 있지만, 그 모습을 보는 고객은 '내 말을 진지하게 듣고 있구나'하는 인상을 받습니다.

모든 직원이 비슷한 수준으로 카운슬링을 할 수 있도록 질문 항목 등을 정리한 카운슬링 시트를 활용해도 좋습니다. 다음 페이지의 그림1은 카운슬링 시트에 담을 내용을 정리한 것입니다. 참고해보십시오.

*

고객이 원하는 사항을 만족시켜줄 수 있다면 매장에 대한 신뢰도가 올라가고, 직원들도 이에 보람을 느낄 것입니다. 이렇듯 카운슬링을 잘 하는 것이 우리와 고객이 모두가 행복해지는 일이기도 합니다.

그림1 카운슬링 시트에 담아야 할 내용

1. 기본 정보	● 이번에 원하는 내용	무엇을 '목적'으로 트리밍을 하는지 확인합니다.
	● 타 업소에서의 상황	신규고객이라면 타 업소에서 받았던 서비스 내용과 불만 사항 등을 확인합니다. 사전에 불만 사항을 확인할 수 있다면 만족도를 끌어올릴 수 있는 방안을 마련할 수 있습니다.
	● 지난 번 방문으로부터의 경과	재방문 고객(단골고객)이라면 지난 번의 소감과 상황 등을 확인합니다. 지난 번에 한 제안으로 고객의 요구사항이 충족되었다면 지속하고, 과제가 남았다면 새로운 제안을 합니다.
2. 동물의 정보	● 개체정보 (연령, 모질, 컨디션, 피부의 상태, 지병의 유무, 좋아하는 것과 싫어하는 것)	동물의 상태에 따라 샴푸와 입욕시간, 버블 목욕과 같은 옵션메뉴의 적용 등 제안할 수 있는 내용이 크게 달라집니다. 이 부분을 자세히 살펴보면 더욱 적합한 맞춤형 제안이 가능합니다.
	● 생활 환경 (산책의 빈도, 평소 생활 등)	실내에서 기르는지, 산책 시간은 어느 정도인지, 어떤 코스인지 등에 따른 환경의 영향을 확인합니다. 밖에서 지내는 시간이 많다면 겨울에는 건조, 여름에는 자외선 등 각 계절에 맞는 케어 방법 등도 제안할 수 있습니다.
3. 고객의 정보	● 라이프 스타일 (가족구성, 동물과 지내는 방법 등)	어떤 동물과 함께 잔다, 여행을 간다 등 고객과 동물의 라이프 스타일을 알 수 있으면 피부 트러블이나 냄새 대책, 사료와 애견용품 등 상품에 관한 제안도 가능합니다.

모리스 반려동물 서적 시리즈 VOL.05
트리머를 위한 베이직 수의학

정가 : 27,000원

트리머가 되어 애견 살롱을 운영하기 위해서는 미용 기술뿐만 아니라 꼼꼼한 **위생관리** 및 **소독, 강아지의 질병**에 대한 전반적인 지식을 갖추어야 전문 애견미용사로 성장할 수 있습니다. 애견 미용을 처음 접하는 분들에게 이 책을 추천합니다.

Contents 미리 보기

제1장 애견 트리머와 밀접한 질병
① 피부병
② 귀·눈의 질병
③ 구강·항문주변의 질환
④ 기생충·외부 기생충
⑤ 감염증

제2장 그 밖에 알아두어야 할 질환
① 뼈·근육 관련 질환
② 호흡기·순환기계 질환
③ 소화기계 질환
④ 비뇨기·생식기계 질환
⑤ 내분비계 질환

제3장 애견 트리머의 필수 실용지식

제4장 애견미용실의 위생과 트리밍

제5장 반려동물의 영양학
(칼럼 개의 질병①)
뇌전증(간질)이란
(칼럼 개의 질병②)
수두증이란
개의 백신접종에 관하여
사료 고르는 법, 주는 법
사료의 라벨 보는 법
간식 고르는 법, 주는 법

모리스 서울 서초구 강남대로 95길 66 TEL : 02-545-2690~1 FAX : 02-545-3564 E-mail : khsa-morris@hanmail.net
반려동물 전문쇼핑몰전시장 충북 음성군 감곡면 행군이길 171-47 Website : www.petsalon.co.kr

모리스 반려동물 서적 시리즈 VOL. 06
트리머를 위한 베이직 테크닉

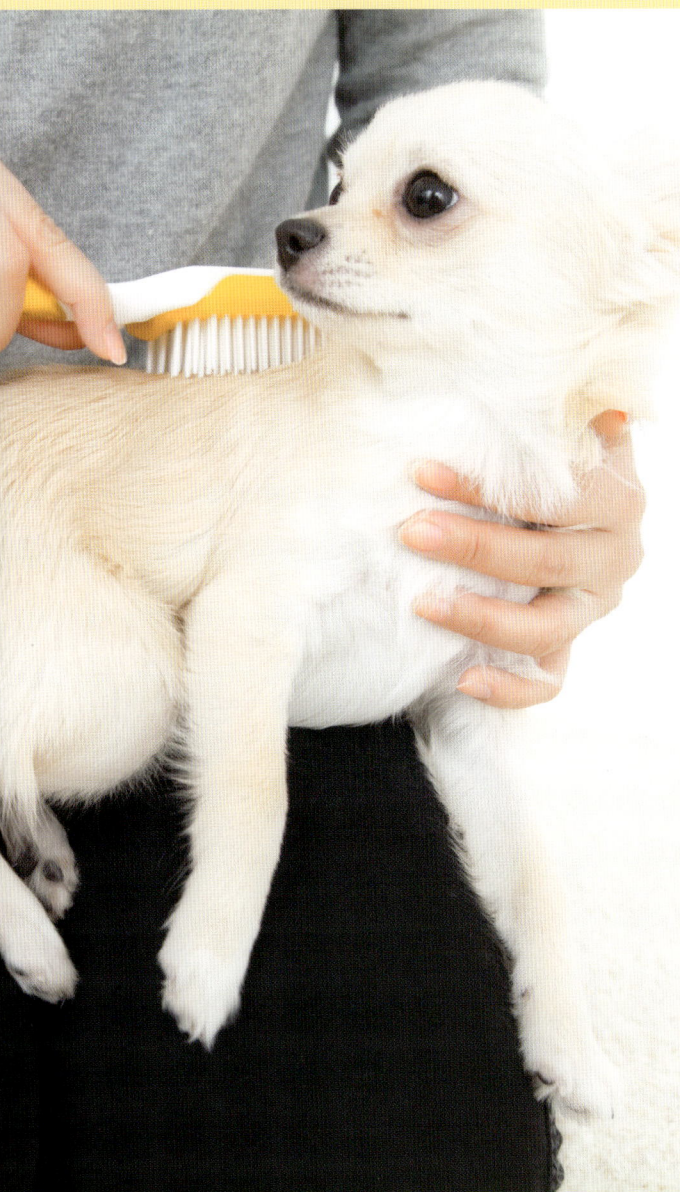

트리머로서 가장 먼저 익혀야 할 지식과 범용성 높은 트리밍 기법을 한 권에 담은 입문서입니다. 최근의 트렌드와 최신 정보, 독자성이 높은 내용도 소개했습니다. 부교재나 참고서로도 꼭 활용되기를 바랍니다.

정가 : 27,000원

Contents 미리 보기

제1장 그루밍과 환경
트리밍이란 무엇인가
트리밍 룸
트리머의 건강을 위해
[column] 손의 각 부위 명칭

제2장 그루밍 도구
가위
클리퍼(전동이발기)
트리밍 나이프
브러시&코움
기타 그루밍 도구

제3장 견체(犬體)의 기초
개의 몸에 관한 기초기식
개의 피부
개의 피모
눈·발톱·치아의 관리

제4장 개의 보정
개의 보정과 마음가짐
보정·핸들링의 기본

제5장 베이싱
브러싱의 기본
샴핑
드라잉
래핑의 테크닉

제6장 클리핑과 시저링
면과 각 잡는 법
얼굴의 클리핑
발의 클리핑
바디의 클리핑
시저링
브레이슬릿 만들기
[column] 푸들의 쇼클립

제7장 일러스트 해설·견종별 응용
비숑 프리제
아메리칸 코커 스패니얼
미니어처 슈나우저
포메라니안
몰티즈
베들링턴테리어
에어데일테리어
노퍽 테리어
아이리시 테리어
셔틀랜드 십독

용어해설

모리스
서울 서초구 강남대로 95길 66 TEL : 02-545-2690~1 FAX : 02-545-3564 E-mail : khsa-morris@hanmail.net
노령 반려동물 전문쇼핑몰 Website : oldpet.co.kr

모리스 반려동물 서적 시리즈 VOL.01
내 강아지 더 똑똑하게 키우기

강아지는 인간이 생각하는 것보다 훨씬 똑똑하다!? 내 강아지를 자주성 있는 아이로 키우는 방법 및 일상적인 케어 & 문제행동 교정법 등 다채로운 내용으로 구성되어 있습니다.

정가 : 5,900원

Contents 미리 보기

- ♥ 가장 먼저 알아두어야 할 애견의 마음
- ♥ 서로 자립하여 기분 좋게 애견과 나의 삶의 규칙
- ♥ 지금보다 더 똑똑하게 키우는 법
- ♥ 일상생활에 잠재된 애견의 행동 30가지 일상적인 행동 10가지
- ♥ 질병을 암시하는 행동 20가지
- ♥ 이럴 때는 어떻게 하지!?
- ♥ 비상시에 냉정하게 대처하기 위한 지식 25가지
- ♥ 여러 가지 문제 대처 15가지
- ♥ 예방과 케어 10가지
- ♥ 캐나다의 K9 Kinship 공인 트레이너 스자키 다이씨가 알려주는 흔히 있는 곤란한 행동 Q&A

모리스 서울 서초구 강남대로 95길 66 TEL : 02-545-2690~1 FAX : 02-545-3564 E-mail : khsa-morris@hanmail.net
반려동물 전문쇼핑몰·전시장 · 충북 음성군 감곡면 행군이길 171-47   Website : www.petsalon.co.kr

모리스 반려동물 서적 시리즈 VOL. 02
내 강아지 장수하는 비결

내 반려견이 오래 살기 위해 기본적으로 알아두어야 할 점 및 질병을 암시하는 신호 등을 알기 쉽게 소개한 책으로 지금 반려견을 키우고 계시는 분들에게 추천합니다.

내 강아지 장수하는 비결
위험한 Dog Food란?
질병을 암시하는 신호?
오래 함께 하기 위한 기본 사육법

식사, 부상, 질병 등 일상생활에서
반려견의 건강을 지키는 지식100
모리스

정가 : 5,900원

Contents 미리보기

♥ 가장 먼저 알아두어야 할 기초지식
♥ 장수견의 반려인을 전격 인터뷰!
♥ 반려견이 장수하는 비결은?
♥ 반려견을 장수시키는 힌트집
♥ 일상생활에서 신경 써야 할 것
♥ 조금 이상한데? 알아두어야 할 이상 신호
♥ 노령견이 되었다면 신경 써야 할 것
♥ 좋은 주치의 찾기와 비용 이야기
♥ 좋은 주치의 고르는 법
♥ 백신, 치료비, 수술비, 입원비 등 의료비 표준 일람표
♥ 반려견이 건강해지는 증상별 효과 있는 마사지
♥ [최신] 반려견과의 이별 정보 장례는? 장묘는?

모리스
서울 서초구 강남대로 95길 66 TEL : 02-545-2690~1 FAX : 02-545-3564 E-mail : khsa-morris@hanmail.net
반려동물 전문쇼핑몰·전시장 · 충북 음성군 감곡면 행군이길 171-47 Website : www.petsalon.co.kr

모리스 반려동물 서적 시리즈 VOL.03
고양이와 더 친해지기

정가 : 5,900원

내 고양이와 함께 있는 것만으로도 행복하지만, 마음이 서로 통한다면 더욱 행복해질 수 있습니다. 이 책에서는 고양이의 몸짓과 언어를 통해서 애묘의 기분을 살피면서 더욱 친해지는 방법을 알려드립니다.

Contents 미리보기

♥ Introduction 고양이는 어떤 동물?
♥ 고양이와 사람과의 역사
♥ 지금이 고양이와 인간에게 가장 행복한 시대
♥ 고양이의 사회화 시기는 생후 16주까지
♥ 고양이를 입양할 때 유념해야 할 점
♥ 다양한 고양이 장난감
♥ 고양이는 싫증을 잘 내고 호기심이 많다
♥ 고양이를 황홀하게 만드는 애정 가득한 마사지
♥ 고양이와 함께 자는 법
♥ 말을 알아듣는 고양이로 길들이기
♥ 바디 손질도 잊지 말아요
♥ 고양이의 습성을 알고 더욱 행복해지는 법
♥ 화장실에 집착
♥ 마킹
♥ Cat Food는 다양하게 먹이기
♥ 거세 및 피임의 중요성
♥ 한 마리 키우기와 여러 마리 키우기
♥ 실내에서 키우는 것이 가장 안전하다
♥ 노령 반려묘와의 커뮤니케이션 방법
♥ 맺음말 반려묘는 인생의 소중한 파트너

모리스
서울 서초구 강남대로 95길 66 TEL : 02-545-2690~1 FAX : 02-545-3564 E-mail : khsa-morris@hanmail.net
반려동물 전문쇼핑몰·전시장 · 충북 음성군 감곡면 행군이길 171-47 Website : www.petsalon.co.kr

모리스 반려동물 서적 시리즈 VOL.04
내 고양이 장수하는 비결

내 고양이를 장수시키기 위해 기본적으로 알아두어야 할 점 및 고양이의 수명과 신체 특징, 사료 선택법, 고양이의 몸짓과 언어로 알아보는 애묘의 마음 등 다채로운 내용으로 구성되어 있는 책으로 고양이를 키우고 계신 분, 앞으로 키우실 분들에게 추천합니다.

정가 : 5,900원

Contents 미리보기

제1장 고양이 기초지식
얼굴, 몸
고양이의 라이프 스테이지
새끼 고양이/약묘(若猫)
성묘(成猫)
시니어 고양이
요즘 고양이들의 생활
칼럼1 고양이의 잡학

제2장 장수하는 비결
고양이를 장수시키는 식사
식사에 대한 의문
사료와 식사 알아두어야 할 것
고양이에게 GOOD & BAD 음식
스톱! 고양이의 비만
고양이를 장수시키는 생활환경
생활환경 알아두어야 할 것
고양이를 장수시키는 운동
고양이를 만족시키는 놀이법
고양이의 스트레스에 관하여
칼럼2 고양이의 신기한 행동

제3장 손질 테크닉
애묘의 몸 손질하기
몸을 체크하자
각 부위 손질하기
약 먹이는 법을 알아보자
알약 • 캡슐 먹이는 법
물약 먹이는 법 / 안약 넣는 법
알아두어야 할 고양이에게 많은 질병
질병 신호
고양이에게 필요한 예방접종
동물병원 고르기
고양이 언어 • 몸짓 사전
고양이 언어 편
고양이 몸짓 편
알아두어야 할 고양이 사육 5개 조항

모리스
서울 서초구 강남대로 95길 66 TEL : 02-545-2690~1 FAX : 02-545-3564 E-mail : khsa-morris@hanmail.net
반려동물 전문쇼핑몰 • 전시장 : 충북 음성군 감곡면 행군이길 171-47 Website : www.petsalon.co.kr

Grooming Table

* 서스펜더와 비인딩 벨트는 포함되어 있지 않습니다.

제품명	치수(h)/CM	특징
LT1101	120x60x60	접이식, 스테인리스스틸, 스틸망, 안티슬립, 알미늄테, 블랙컬러, 폴카도트 문양
LT1102	90x60x76	접이식, 스테인리스스틸, 스틸망, 안티슬립, 알미늄테, 블랙컬러, 폴카도트 문양
LT1103	81x51x76	접이식, 스테인리스스틸, 스틸망, 안티슬립, 알미늄테, 블랙컬러, 폴카도트 문양
LT1106	68x48x68·72·78	접이식, 스테인리스스틸, 스틸망, 안티슬립, 알미늄테, 블랙컬러, 폴카도트 문양, 3단계 높이 조절 가능, 포터
LT1212N	80x60x75-100	수직접이식, 스테인리스스틸, 스틸망, 안티슬립, 알미늄테, 블랙컬러, 폴카도트 문양, 원하는 높이 조절 가능
LT1216N	80x75x75-100	수직접이식, 스테인리스스틸, 스틸망, 안티슬립, 알미늄테, 블랙컬러, 폴카도트 문양, 원하는 높이 조절 가능
LT1401	110x60x55-105	접이식, 스테인리스스틸, 스틸망, 안티슬립, 알미늄테, 블랙컬러, 폴카도트 문양, 전동식
LT1405	120x60x38-105	접이식, 스테인리스스틸, 스틸망, 안티슬립, 알미늄테, 블랙컬러, 폴카도트 문양, 전동식
LT109	97x55x76	접이식, 플라스틱, 안티슬립, 핑크컬러, 폴카도트, 포터블(58x55x10 : 접은 사이즈) 10kg(초경량)

모리스앤코(주) 서울 서초구 강남대로 95길 66 TEL : 02-545-2690~1 FAX : 02-545-3564 E-mail : khsa-morris@hanmail.net

Bath Tub

제품번호	치수(h)/CM	특징
LT1602	127x67x88	스테인리스, 모바일 후크와 벨트 각 2SET
LT1604	127X67X88	스테인리스, 모바일 후크와 벨트 각 2SET, 문의 미끄럼 방지 역할
LT1605	127X67X78-122	스테인리스, 전동식, 문의 미끄럼 방지 역할
LT1606	127X67X78-122	스테인리스, 모바일 후크와 벨트 각 2SET, 전동식, 문의 미끄럼 방지 역할
LT1608	127X67X78-122	스테인리스, 모바일 후크와 벨트 각 2SET, 전동식, 문의 미끄럼 방지 역할, 양문
LT1506		미용도구함
LT1508B		ø55cm 보조회전 그루밍플랫폼
LT1502A		스틸픽스쳐
LT1502B		플라스틱 픽스쳐

M-DESIGN 애견 샵 디자인 스티커

M-DESIGN 스티커는 샵에 독특한 느낌을 더해줍니다. 원하시는 견종 혹은 발바닥 모양과 디자인, 크기, 색상 등을 선택하시면 샵 로고를 넣어 인쇄해드립니다.

- 견종 (하단 참조)
- 디자인 (오른쪽 페이지 참조)
- 로고
- 글꼴
- 방향 (좌/우)
- 사이즈 (10, 25, 50cm)
- 색상 (블랙/화이트)

〈주문 예시〉
- 견종 : 5번 퍼피 푸들
- 디자인 : 1번 사각형
- 문구 : '초록애견샵'
- 글꼴 : 마마블럭체
- 방향 : 왼쪽
- 사이즈 : 25cm
- 색상 : 흰색

A. B. C. D. E.

1. 아메리칸 코커
2. 에어데일테리어
3. 비숑
4. 케리블루테리어
5. 퍼피 푸들
6. T-트림 푸들
7. 더블 푸들
8. 스코티쉬
9. 웨스티
10. 포르투갈 워터 독(퍼피)
11. 포르투갈 워터 독(라이온)
12. 잉글리시 코커
13. 아프간그레이하운드
14. 시츄
15. 앉은 슈나우저
16. 푸들(콘티넨탈)
17. 달리는 푸들
18. 베들링턴
19. 세터
20. 앉은 아프간그레이하운드
21. 슈나우저
22. 요크셔테리어
23. 뉴 펀들랜드
24. 고양이
25. (가위와 빗)
26. 리본 장식 푸들
27. 일어선 푸들
28. 치와와
29. 닥스훈트
30. 앉은 닥스훈트

M-DESIGN 애견 샵 디자인 스티커

사이즈 선택

| 10cm | 25cm | 50cm | 화이트 | 블랙 |

!알림
각 사이즈별 치수는 사각형의 가장 긴 변의 길이 , 원의 지름
타원의 긴쪽 지름을 기준으로 합니다.

1 사각형

2 원형

3 타원형

4 풀밭

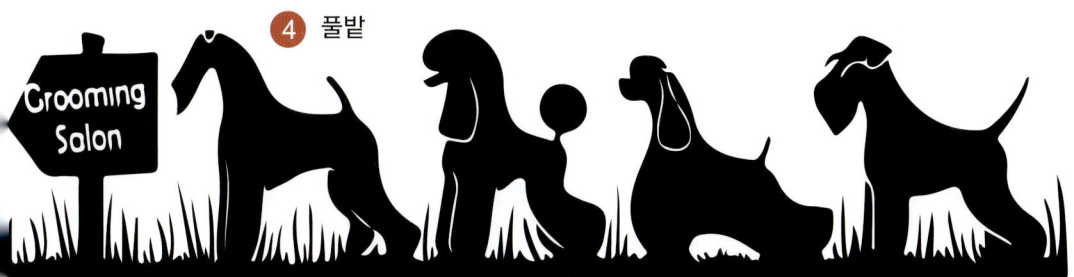

5 스트라이프

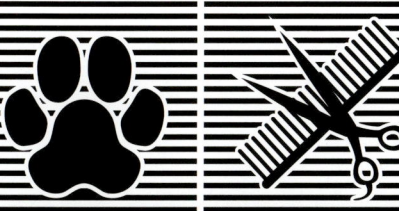

단가표(\)		
디자인도안	유	무
10cm	5,000	3,000
25cm	7,000	5,000
50cm	12,000	10,000

6 샴푸

7 미용

마스킹 시트는 복잡하거나 분리된 여러 도안을
한번에 쉽게 붙이기 위한 이중 시트입니다.

	마스킹시트	커스터마이징
10cm	1,000	전화 상담
25cm	3,000	
50cm	5,000	

모리스앤코(주) 서울 서초구 강남대로 95길 66 TEL : 02-545-2690~1 FAX : 02-545-3564 E-mail : khsa-morris@hanmail.net
반려동물 전문쇼핑몰·전시장 : 충북 음성군 감곡면 행군이길 171-47   Website : www.petsalon.co.kr

★★★★★
5성급 클래식 도그 케이지

녹슬지 않는 스테인리스 고급 케이지

클래식 도그 케이지는 큰 개의 활동성을 고려해서 큰 공간으로 만들어졌습니다. 각각의 케이지는 독립적인 공간으로 나뉘어져 있으며 **자유롭게 조립 및 결합, 분리할 수** 있습니다. 특허 잠금장치 디자인은 한 손으로 문을 열 수 있고 닫히면 **자동으로 잠기고** 칸을 나누는 분리 격벽은 유동형으로 이 격벽을 케이지 중간에 넣으면 케이지 안에 두 개의 공간을 만들어 비용적으로도 매우 효율적입니다.

배수 트레이로 소변이 흐를 수 있게 되어 있습니다
S5 x M4 x L4 (1Set : MOCA-0010)

235cm
220cm

정교하고 튼튼한 고품질 스테인리스 스틸과 철 와이어는 건강과 환경에 좋은 소재입니다.

넓은 공간의 케이지와 화장실, 식기는 강아지의 욕구를 충족시킵니다.
SIZE S : 460x582x500cm(h)
SIZE M : 575x692x750cm(h)
SIZE L : 1150x692x800cm(h)

독립적인 조임 설계로 각각의 케이지는 자유롭게 조립, 결합 및 분리가 가능 합니다.

독립적인 조임 설계로 각각의 케이지는 자유롭게 조립, 결합 및 분리가 가능합니다.

특허 받은 잠금장치 디자인으로 한 손으로 열 수 있고 닫히면 자동으로 잠깁니다.

분리 격벽은 자유롭게 분리할 수 있습니다. 공간을 나눌 수 있어 비용적으로 효율적입니다.

캐스터로 이동이 편리합니다.

 모리스앤코(주)   서울 서초구 강남대로 95길 66 TEL : 02-545-2690~1 FAX : 02-545-3564   E-mail : khsa-morris@hanmail.net

진공청소기 결합 애견 브러쉬

빗질할때마다 풀풀 날리는 털!

COMB & VAC 콤앤백

One touch

빗질 후

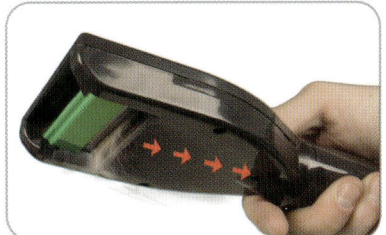
원터치로 털을 흡입합니다

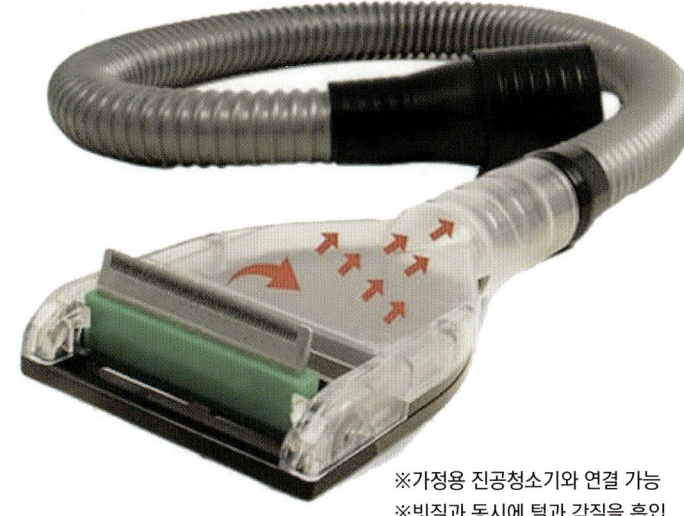
※ 가정용 진공청소기와 연결 가능
※ 빗질과 동시에 털과 각질을 흡입

모리스앤코(주)   서울 서초구 강남대로 95길 66 TEL : 02-545-2690~1 FAX : 02-545-3564 E-mail : khsa-morris@hanmail.net
반려동물 전문쇼핑몰·전시장 : 충북 음성군 감곡면 해구이길 171-47 Website : www.petsalon.co.kr

규격	
폭	235mm
길이	340mm
높이	28mm

10장입

가격: 11,000원
재질: 폴리 프로필랜

AYA MAT
아야! 매트
반려동물 접근 방지 매트

고양이의 배뇨행위 등으로부터 식물을 보호합시다

초! 간단설치

방문 앞   화단   화분   작물   난간

간단하게 설치만 해두면
반려동물이 접근하지 못합니다.

● 문을 긁어대서 밤에 잠을 못주무신다고요?
아야매트를 방문 앞에 놓으면 긁지 않아요!

● 화단 보호
아야매트를 화단 테두리에 놓으면 화단을 망쳐놓지 않아요!

● 손쉬운 조립, 휴대용이. (가벼운 폴리 프로필랜소재)
집에서도, 반려견과 함께하는 여행에서도 사용 가능해요!

● 위험 상황 방지
아야매트를 난간등에 설치하면 위험한 곳에 올라가지 않아요!

■ 시트 분해
시트를 십자 (중심부분)로 나누어 **4등분** 할 수 있습니다.
※ 커트 부분은 2~3번 살짝 접어 구부리면 쉽게 자를 수 있습니다.

■ 시트 고정방법
고정핀 부분을 가로로 떼어내고 아래 그림과 같이 시트를 고정합니다.

개나 새(비둘기) 에게도 사용 가능

 모리스앤코(주)   서울 서초구 강남대로 95길 66 TEL : 02-545-2690~1 FAX : 02-545-3564 E-mail : khsa-morris@hanmail.net
반려동물 전문쇼핑몰·전시장 · 충북 음성군 감곡면 행군이길 171-47   Website : www.petsalon.co.kr

감수

주식회사 서스티나 컨설턴트(SUSTAINA CONSULTANT)

동물병원 및 애견살롱 전문 경영 컨설턴팅 회사. 단기적인 매상 증가뿐만 아니라, 지속적으로 발전할 수 있도록 DM 작성 등의 기본적인 레벨에서부터 성장전략의 구상까지 폭넓게 제안하고 있다.

저자

후지하라 신이치로(藤原愼一郎)

주식회사 서스티나 컨설팅 대표이사. 2001년부터 애완동물 관련 업계 컨설팅 개시. 2011년에 주식회사 서스티나 컨설팅을 설립. 저서로 〈동물병원 경영실천 매뉴얼〉 〈동물병원 팀 매니지먼트 기술〉이 있고, 그 밖에 다수의 학회 강연을 했다.

기타노 데츠야(北野哲也)

주식회사 서스티나 컨설팅 이사. 2004년부터 트리밍살롱 펫 케어 서비스, 동물병원 자문상담 등을 진행하고 있다. 소규모 살롱과 병원도 가능한 판촉 방법, 현장에서 바로 실천할 수 있는 시스템 구축을 담당하고 있다. 〈해피 트리머〉(통권 58~66호. 2012년 11월~2014년 3월)에 "어렵지 않아요! 쉬워요! 살롱 경영학" 연재 집필.

트리머를 위한
애견미용실 개업·경영 매뉴얼

초판1쇄 발행 2018년 10월 5일

저작권
TRIMMER NO TAME NO PETSALON KAIGYOU*KEIEI MANUAL
ⓒHAPPY*TRIMMER HENSHUUBU 2014
Originally published in Japan in 2014 by Midiri Shobo Co.,Ltd.
Korean translation rights ⓒ2018 by MORRIS COMPANY

펴낸이 정태봉
펴낸곳 모리스

한국어판 ⓒ모리스 2018. Printed in Seoul, Korea

주소 우:06528 서울 서초구 강남대로 95길 66 중원빌딩 1층
전화 02_545_2690~1
팩스 02_545_3564
홈페이지 www.allpet.kr
이메일 khsa-morris@hanmail.net

* 이 책의 저작권은 저자에게 있으며 무단 복제와 전재는 법으로 금지되어 있습니다.
* 잘못된 책은 바꾸어드립니다.